HONFLEUR
histoire et
patrimoine

Couverture :
En haut, Jean-Louis Tirpenne, **Honfleur, vue panoramique,** *1865.* <small>Musée Eugène Boudin, Honfleur. Photo H. Brauner</small>
En bas, Charles Mozin, **Port de Honfleur,** *Salon 1844.* <small>Musée Eugène Boudin, Honfleur. Photo H. Brauner</small>
Double pages suivantes : *l'agglomération honfleuraise.* <small>Droits réservés, Dominique Rochat</small>

Les mots suivis d'un astérisque sont expliqués dans le petit lexique page 126.

Abréviations des sources iconographiques : MM : musée de la Marine - Société Le Vieux Honfleur ; AMH : Archives municipales de Honfleur ; CCI : Chambre de Commerce et d'Industrie du Pays d'Auge) ; SVH : auteurs - CA du Vieux Honfleur ; MH : Monuments historiques ; CC : Communauté de communes du pays de Honfleur ; GPMR : Grand port maritime de Rouen ; AM : Archives de la Marine ; OT : Office de Tourisme de Honfleur ; BML : Bibliothèque municipale de Lisieux.

© Société Normande d'Ethnographie et d'Art Populaire « Le Vieux Honfleur »
http://www.le-vieux-honfleur.fr

© Éditions des Falaises, 2015
16, avenue des Quatre Cantons - 76000 Rouen
www.editionsdesfalaises.fr

HONFLEUR
histoire et patrimoine

Nouvelle édition revue et enrichie

Bernard Dufau
Jean Pierre Le-Blond
Armand Lemaître
Pascal Lelièvre
Edmond di Marzo
Chantal Toublet
Michèle Clément

Coordination : Pascal Lelièvre

Société Normande d'Ethnographie et d'Art Populaire « Le Vieux Honfleur »

ÉDITIONS DES FALAISES

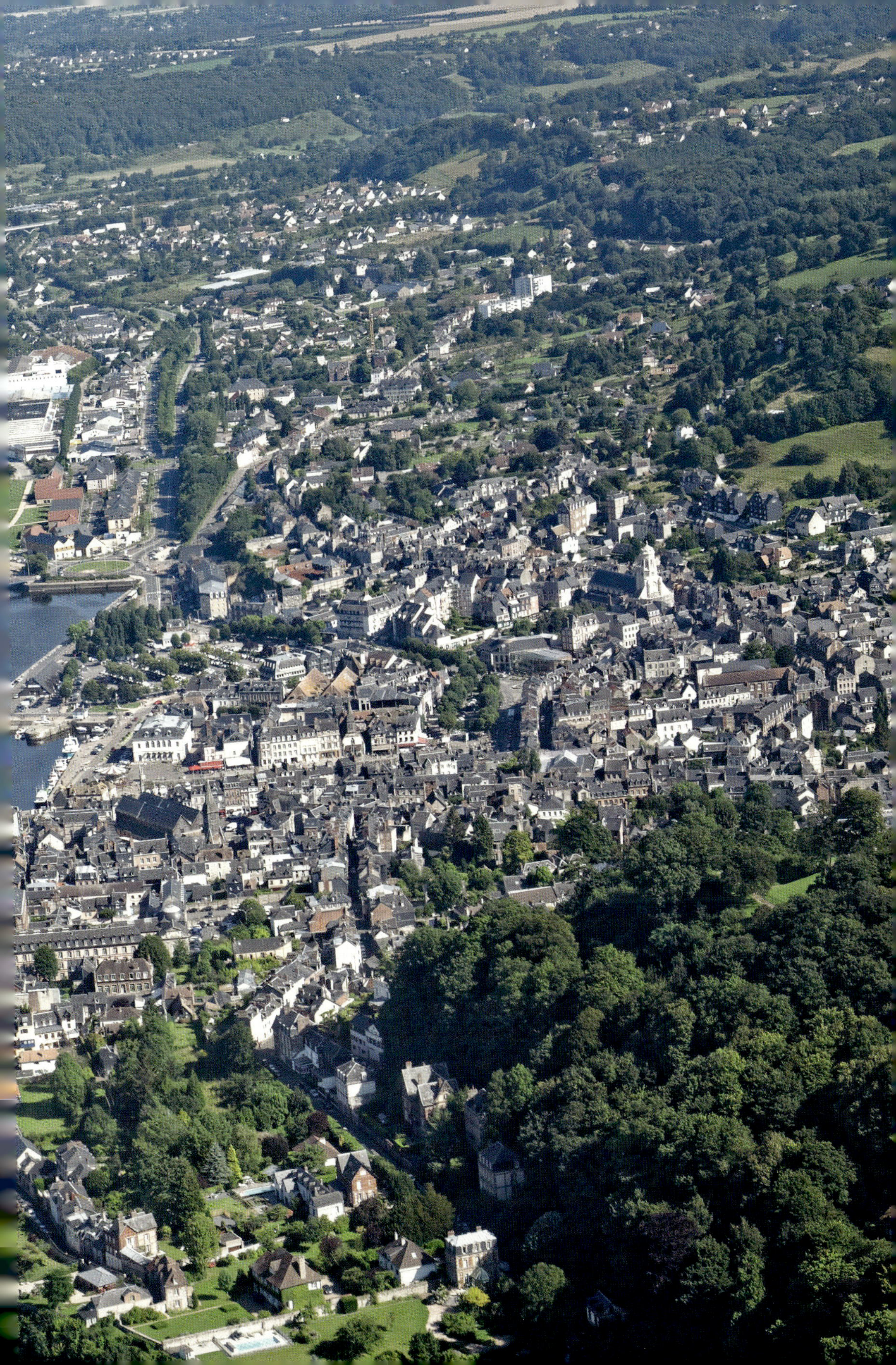

Sommaire

Avant-propos — 8

L'évolution de la notion de patrimoine à travers l'exemple honfleurais — 11

Le patrimoine urbain honfleurais, un héritage à préserver et à valoriser — 13

Le tourisme, chance et péril pour le patrimoine urbain — 16
Le tourisme et le nouveau regard porté sur la ville historique au XIXe siècle — 16
Les deux tendances de la mise en tourisme du patrimoine urbain — 17
Une voie médiane ? — 20

Angles de vue sur le tissu urbain ancien — 22
Du front de mer au front de Seine — 22
Le front de Seine aujourd'hui — 25
Du Mont-Joli — 26
De la Côte Vassal — 28
Honfleur vu de l'entrée du port — 30

Du havre d'échouage au Vieux Bassin — 34
Du havre d'échouage au Vieux Bassin — 34
Les maisons du quai Sainte-Catherine — 35
De la porte de Caen à la Lieutenance — 36
La Lieutenance, du rejet à l'icône — 41
L'église Saint-Etienne — 42
Les métamorphoses du musée de Léon Leclerc — 44
De la place d'Armes à la place de la Mairie — 46
L'Hôtel de Ville — 48

L'Enclos — 50
Une place forte royale — 50
De l'église Notre-Dame à la place Arthur Boudin — 52
Le manoir de Roncheville — 54
La rue de la Prison et la rue des Petites-Boucheries — 56
Un îlot en attente de réhabilitation : de la rue de la Prison au cours des Fossés — 59
Les greniers à sel — 61
La gabelle et le grenier à sel de Honfleur — 62

Le faubourg Saint-Léonard — 64
La porte de Rouen — 64
Du Théâtre à la médiathèque — 67
L'église Saint-Léonard — 71

De l'avant-port au Maudit Bout — 76
Du front de mer au boulevard Charles V — 76
La place Hamelin — 79
La rue Haute — 81
La rue L'Homme de Bois — 83
La place de l'Hôpital — 85
De la maison Dieu à l'hôpital général — 88

La place Sainte-Catherine et sa périphérie — 90
L'église Sainte-Catherine — 90
La place Sainte-Catherine — 96
Du carrefour Sainte-Catherine à la place de l'Obélisque — 98
Les rues en périphérie de l'église — 99

La grande percée de l'urbanisme des Lumières — 102
De la rue d'Orléans à la rue de la République : une entrée majestueuse pour la ville — 102
La place de la Rampe ou place du Crucifix — 103
Autour de la place Albert Sorel — 106
Du cours d'Orléans au cours Albert Manuel — 108

La Côte de Grâce — 110
Vieux hôtels, châteaux et villas des hauts de Grâce — 110
Un haut lieu de la mémoire honfleuraise : la chapelle Notre-Dame de Grâce — 114
La chapelle Notre-Dame de Grâce. — 116

A la jonction de la ville historique et des quartiers portuaires du XIXe siècle — 118
Le devenir de la tour aux Poudres devant le havre Neuf :
premier débat patrimonial à Honfleur dans les années 1840 — 118
Le débat — 120

Le quartier portuaire du XIXe siècle — 122
L'ancien bassin du Centre : parking, marina ou GMH (Grand Musée de Honfleur) ? — 122
Le réaménagement des abords de la vieille ville à l'est :
du quartier de la gare au quartier Carnot — 125
L'ancien bassin de retenue et ses abords en attente — 129

De l'ancien front de mer à l'ouest du chenal aux espaces de loisirs actuels — 130
Les origines du site — 130
Le premier jardin public — 132
Les transformations du site au temps des Trente Glorieuses — 134
Le tournant des années 1980 — 136
Une Renaissance : le « Jardin retrouvé » en 1996 ? — 137
Le jardin des Personnalités — 138

Les jardins du front de Seine, un patrimoine pour demain? — 139

Petit lexique — 142

Avant-propos

Un nouvel ouvrage sur Honfleur, après tant d'autres, questionne nécessairement les intentions de l'auteur. Dans le cas présent, il convient de dire les auteurs car ce livre est œuvre collective, celle de membres du conseil d'administration de la société du Vieux Honfleur, tous passionnés par l'histoire et le patrimoine de cette ville. Cette passion, ils souhaitent qu'elle soit partagée tant par ceux qui résident à Honfleur ou dans ses environs, que par ceux qui sont des visiteurs d'un jour ou réguliers de la ville.

Mais il n'est de passion durable sans une connaissance et une compréhension raisonnée de son objet. C'est celles-ci que les auteurs voudraient transmettre aux lecteurs qui veulent aller au-delà de l'émotion et de la curiosité suscitées par la découverte lors d'une visite de la ville ou d'une pratique plus régulière de son espace.

Le bâti urbain et la trame qui l'ordonne, doivent être envisagés dans le temps long pour comprendre les logiques qui ont conduit à leur développement. Dans ce temps long, il faut isoler quelques périodes clés de l'histoire d'une ville aux origines millénaires où le temps paraît s'accélérer. Ces périodes clés seront évoquées très fréquemment au fil de la découverte des quartiers et des édifices remarquables. Elles sont peu nombreuses : celle de la construction des fortifications commencées par Charles V, poursuivies par le duc de Bedford pendant l'occupation anglaise du début du XVe siècle et modernisées au début de la période de la Renaissance. Vient ensuite le XVIIIe siècle, sous l'influence de l'urbanisme des Lumières jusqu'au Second Empire, phase d'accélération des mutations, qui détruit l'enveloppe fortifiée héritée de l'âge militaire de Honfleur pour adapter le tissu urbain aux exigences de la modernité commerciale et industrielle, mais aussi sociale, nécessitant des espaces de circulation et des équipements de types nouveaux. La dernière grande période de transformation rapide de la ville ancienne a commencé il y a quarante ans au moment où prenaient fin les Trente Glorieuses alors que la ville entrait dans un nouvel âge de son histoire, celui du tourisme de masse à caractère patrimonial après avoir raté le tournant du tourisme balnéaire.

Les Honfleurais n'ont pas attendu ce nouvel âge de leur histoire pour prendre conscience de l'intérêt patrimonial de leur ville : cette prise de conscience commence avec le Second Empire, qui pour être un grand bâtisseur fut aussi grand démolisseur : il devenait alors urgent de définir ce qui pouvait et devait être préservé pour que le bâti ancien et la mémoire dont il est porteur ne disparaissent pas. Mais c'est au tournant de la Belle Epoque, avec la naissance de la société d'Ethnographie et d'Art populaire Le Vieux Honfleur et l'action du peintre Léon Leclerc que celle-ci a pris la dimension d'une exigence collective qui s'est imposée aux édiles. Les destructions de la Seconde Guerre mondiale qui ont fait disparaître la plus grande part du bâti urbain ancien en Normandie a conféré au patrimoine urbain honfleurais, que les hasards du conflit ont préservé, une valeur de témoignage irremplaçable.

Des outils juridiques nouveaux forgés par l'Etat, vont progressivement donner aux élus les moyens de mettre en œuvre une politique de conservation et de réhabilitation de ce patrimoine. La loi de 1913 portant sur les monuments historiques en est la pierre angulaire car elle dispose que, dès lors qu'un immeuble présente un intérêt public du point de vue de l'histoire et de l'art, l'Etat a le devoir et pas seulement la faculté d'en assurer la conservation par une mesure de classement ; elle est complétée par la loi de 1927 créant l'inscription à l'inventaire. Enfin, la loi Malraux de 1962 qui étend aux ensembles urbains historiques la notion de patrimoine, permet aux communes d'établir un plan de sauvegarde et de mise en valeur. La notion de site inscrit permet d'élargir la surveillance de l'évolution du bâti à tout l'espace environnant la ville.

A l'initiative de la municipalité, du Vieux Honfleur ou de particuliers, un grand nombre d'édifices ou de groupes d'édifices sont aujourd'hui classés ou inscrits : pas moins d'une soixantaine d'opérations de protection ont ainsi eu lieu entre 1876 et 1996, concentrées principalement sur la période 1900-1933.

Si en 1972, l'ensemble de la commune devient site inscrit, le périmètre du futur secteur sauvegardé, plus restreint – 39 ha – n'est prescrit que deux ans plus tard : mais il faut attendre 1985 pour l'approbation ministérielle du secteur sauvegardé qui donne un véritable élan à la réhabilitation du petit bâti ancien grâce aux avantages fiscaux dont il fait bénéficier particuliers et promoteurs.

Des investissements considérables, publics et privés, ont ainsi permis de préserver et de restaurer des monuments et un bâti urbain très délabrés à la fin du XIXe siècle : ce sont d'abord les édifices majeurs qui ont bénéficié des premières initiatives – à caractère public – de réhabilitation, et en premier lieu l'église Sainte-Catherine, l'édifice le plus original car construit à pans de bois, le plus important de son type sur tout le territoire français.

Les auteurs ont voulu à la fois montrer et expliquer par des documents cartographiques et photographiques de différentes époques, la manière dont s'est élaboré cet ensemble urbain correspondant à la ville ancienne et à ses marges, excluant seulement de leur analyse les développements récents (à partir de 1975) sur le plateau de Gonneville qui prennent la forme d'une quasi ville nouvelle rassemblant près de la moitié de la population communale. Ils ont associé aux études portant sur des quartiers ou des îlots, des études qui ne concernent qu'un monument. La juxtaposition des documents permet de montrer les permanences et les évolutions, d'en faire comprendre les logiques. Le lecteur pourra ainsi mieux entrer dans « l'intimité » de ce patrimoine, véritable objet vivant, issu de la longue histoire des hommes qui l'ont façonné en fonction de leurs préoccupations mais qui s'impose aussi à eux avec ses propres exigences et compose un environnement doté d'une véritable personnalité contribuant à l'identité de la communauté de ses habitants.

Les auteurs

HONFLEUR - La Tour carrée de l'Eglise Sainte-Catherine

L'évolution de la notion de patrimoine à travers l'exemple honfleurais

Le plan ci-dessous montre l'ensemble des protections juridiques dont bénéficie le patrimoine honfleurais en même temps qu'il révèle l'évolution de cette notion.

Au XVIIIe siècle, la notion de patrimoine s'applique seulement aux monuments remarquables du point de vue de leurs qualités esthétiques. A partir de la Révolution Française, leur valeur de témoins d'une histoire devient prépondérante. C'est l'idée contenue dans la notion de monument historique. Leur nombre pour une petite ville comme Honfleur est important (49 classements ou inscriptions entre 1875 et 1933). Il révèle une mobilisation des habitants et des élus au profit des édifices anciens. On s'aperçoit qu'ils ne prennent véritablement sens que si l'on peut préserver l'environnement dans lequel ils se situent ; d'où la définition d'une « servitude d'abords » de 500 m en 1943 autour de chaque monument, créant autour de lui un « champ de visibilité ». Cette reconnaissance implicite d'un « paysage patrimonial » trouve son aboutissement dans la loi Malraux de 1962 qui a permis de regrouper tous les îlots urbains des quartiers anciens dans un secteur sauvegardé.

Parallèlement, l'idée de patrimoine s'élargit en intégrant les paysages remarquables, qui ne résultent pas seulement du bâti mais aussi de l'agencement de la nature par l'homme : naissent alors les labels sites classés et sites inscrits, aux périmètres initialement assez petits (loi de 1906, révisée et complétée en 1930). Ceux-ci sont progressivement agrandis jusqu'à la notion de grand site. Dès 1972, l'ouest du canton a été inscrit ; l'est l'a été en 1976. Aujourd'hui, sur les recommandations contenues dans la Directive Territoriale d'Aménagement de l'estuaire de la Seine, il est envisagé de classer « la corniche augeronne ».

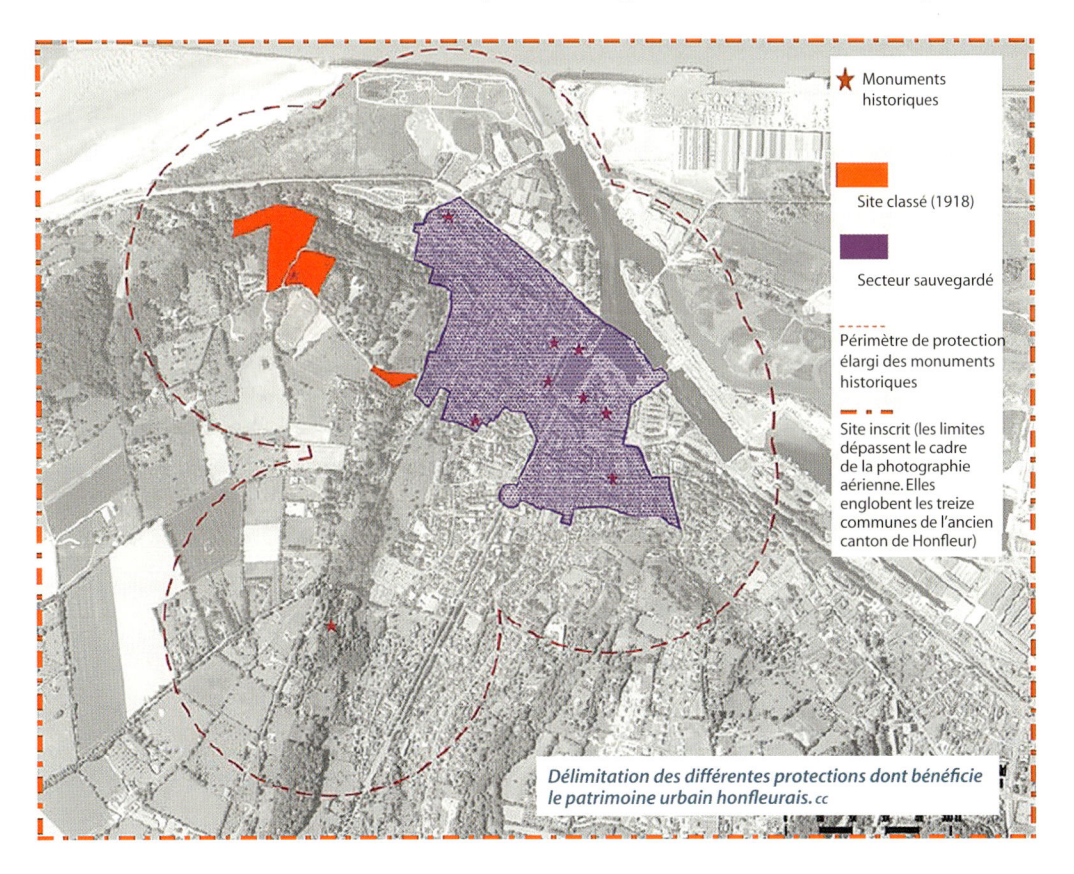

Délimitation des différentes protections dont bénéficie le patrimoine urbain honfleurais. cc

PLAN DE LA VILLE et Port de HONFLEUR

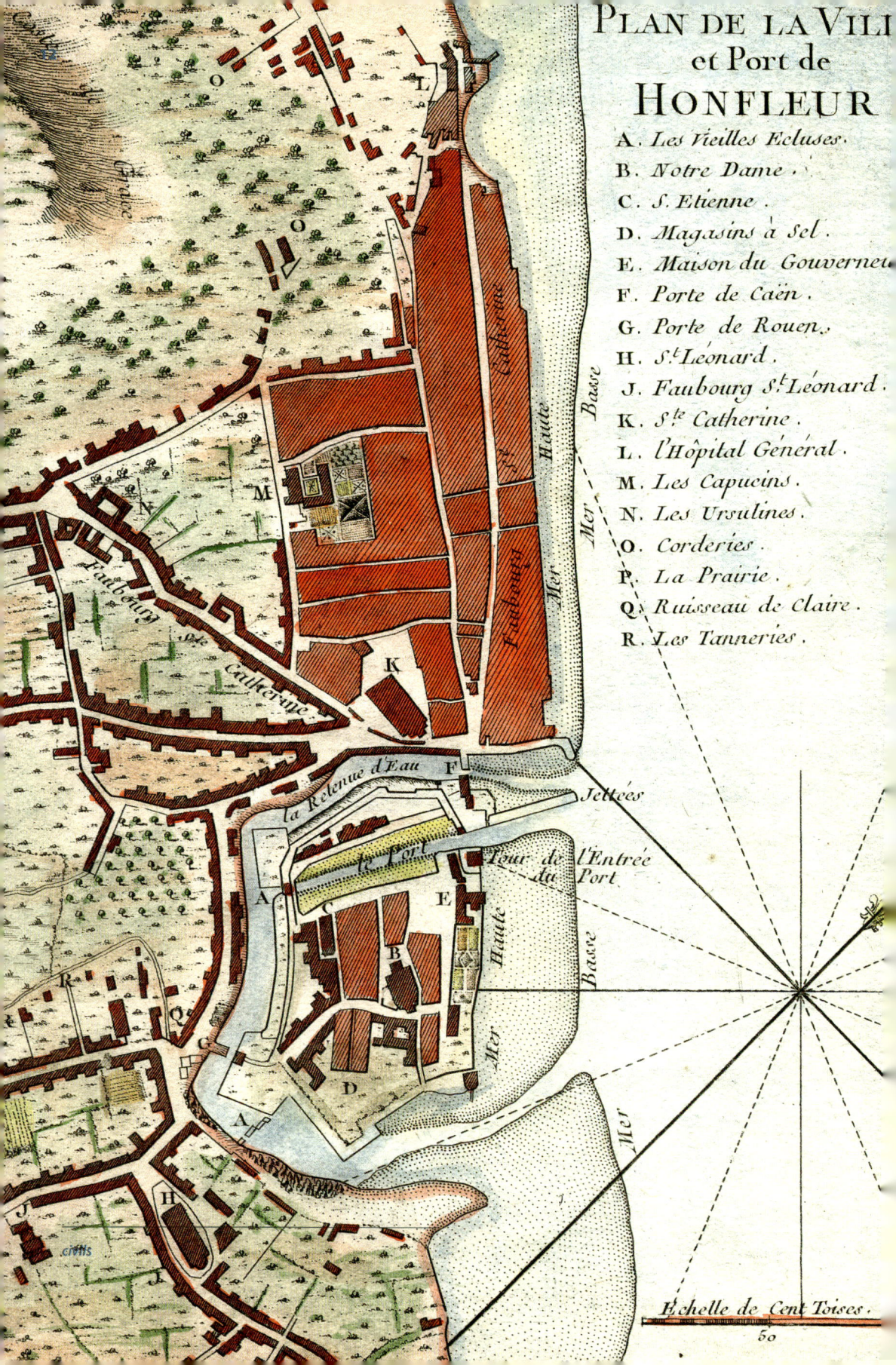

- A. Les Vieilles Ecluses.
- B. Notre Dame.
- C. S. Etienne.
- D. Magasins à Sel.
- E. Maison du Gouverneur
- F. Porte de Caën.
- G. Porte de Rouen.
- H. St. Léonard.
- J. Faubourg St. Léonard.
- K. Ste. Catherine.
- L. l'Hôpital Général.
- M. Les Capucins.
- N. Les Ursulines.
- O. Corderies.
- P. La Prairie.
- Q. Ruisseau de Claire.
- R. Les Tanneries.

Echelle de Cent Toises

Le patrimoine urbain honfleurais, un héritage à préserver et à valoriser

La ville de Honfleur a des origines anciennes, probablement moins anciennes que certains érudits du XIXe siècle le prétendaient ou le souhaitaient en la faisant remonter à l'époque romaine.

Il est vraisemblable qu'il faille attendre le XIe siècle, la période de stabilisation politique, d'essor économique et démographique du duché de Normandie pour que se constitue un petit bourg organisé autour d'un ou deux havres d'échouage de part et d'autre d'un banc sablo-vaseux au niveau de l'embouchure de la Claire dans l'estuaire de la Seine ; un banc qui est devenu ultérieurement le site de l'Enclos. Il faut reconnaître qu'on sait peu de choses sur la composition du bâti, les activités économiques et le niveau de population avant la guerre de Cent Ans. La présence d'églises est attestée dès le XIIe siècle : l'église Saint-Etienne sur la rive gauche de la Claire et l'église Saint-Léonard dominant le havre d'échouage du « port noir » ; également l'église Notre-Dame sur le banc de sable. Quel aspect, quelles dimensions avaient-elles ? Nous n'en savons rien. Ces édifices ont disparu à des dates différentes sans laisser de traces iconographiques ou archéologiques. Les plus anciennes constructions qui subsistent dans l'espace urbain actuel remontent au XVe siècle. Elles n'ont cependant franchi les siècles qu'au prix de remaniements tellement importants que leur physionomie originelle est difficilement imaginable : c'est particulièrement le cas de la Lieutenance et de l'Eglise Sainte-Catherine. Saint-Léonard reconstruite sous le règne de Louis XIII et achevée sous celui de Louis XV, a cependant conservé une partie médiévale facilement identifiable : le bas de sa façade occidentale. Finalement, c'est peut-être davantage la trame viaire qui nous renvoie le mieux à ce passé médiéval même si à partir de la fin du XVIIIe siècle un recalibrage des rues a fait disparaître les variations de largeur qui les caractérisaient. La superposition du plan de Boissaye du Bocage et celui d'un plan contemporain est très révélatrice à cet égard.

La plus grande part du bâti ancien de la ville ne remonte pas au-delà du XVIIIe siècle et on peut même considérer l'apport du XIXe siècle comme très important. Comment pourrait-il en être autrement ?

Avant le XIVe siècle, Honfleur n'était guère plus qu'un très gros village sans édifice majeur avec en son centre une partie sommairement fortifiée par des levées de terre surmontées de palissades de bois pour préserver un petit havre utilisé par les pêcheurs et quelques navires de commerce.

Les récits des événements politiques et militaires qui ont ponctué l'histoire de Honfleur depuis la guerre de Cent Ans jusqu'à la fin des guerres de Religion (milieu du XIVe siècle-fin du XVIe siècle) font état de destructions répétées, liées souvent à des incendies volontaires allumés par tel ou tel des protagonistes du conflit en cours, qui concernent de larges portions des faubourgs ou de l'enclos.

Même si les récits exagèrent peut-être l'ampleur des ravages causés par les affrontements et les exactions de la soldatesque, on ne peut guère douter qu'il faille attendre le XVIIe siècle pour que les conditions de la vie urbaine permettent une conservation du bâti ancien jusqu'à nos jours et ce, malgré les incendies accidentels et les travaux d'urbanisme qui commencent à la fin de ce siècle. Comme il est habituel, les édifices majeurs, religieux ou militaires, les belles demeures des riches négociants, ont eu un degré de résilience beaucoup plus grand que les modestes habitations, ce qui ne les a pas préservés pour autant de profondes modifications qui en ont altéré les caractéristiques primitives.

Au total, la partie centrale de l'espace urbain honfleurais qui s'étend sur le fond de vallée de la Claire et ses bas versants, face à l'estuaire de la Seine, donne à la ville son identité, enracinée dans une histoire multiséculaire dont elle porte les traces. Cet espace patrimonial est à

Plan du XVIIe siècle (aquarellé ultérieurement). Auteur non connu.
MM

la fois une silhouette et une structure où cohabitent l'exceptionnel et le quotidien, le singulier et l'ensemble. Il provient d'une somme de faits, de débats et de conflits, éparpillés dans la longue durée. Il est aussi le produit d'une réalité virtuelle composée de fragments, que ceux-ci soient projetés par différents maires, de Lechevallier-Lejumel à Michel Lamarre, avec une mention particulière pour Alfred Luard (1851-1878) et Marcel Liabastre (1971-1995), qu'ils soient planifiés par des urbanistes (pensons au rôle fondamental du plan Cachin), vécus par les résidents, racontés par les écrivains — pensons à Lucie Delarue-Mardrus, poète et romancière, scénographiés par les peintres (ils sont très nombreux depuis le début du XIXe siècle et appartiennent à tous les courants de la peinture des deux derniers siècles) ou par les cinéastes (comme Marcel L'Herbier dans son adaptation du roman l'*Ex-voto* de Lucie Delarue Mardrus, précédemment citée). Cet espace est donc aussi une « figure mentale » qui imprègne les esprits des plus humbles comme des plus cultivés ainsi que le révèlent les pages consacrées à Honfleur par Albert Sorel et la dynastie familiale d'hommes de lettres qui en descend.

C'est à ces différents titres qu'il constitue un patrimoine à préserver pour les habitants de la commune, et au-delà pour les Normands et les Français, tant cette histoire locale, dont il est la résultante, est reliée à celle de leur région ou de leur pays.

Préserver le patrimoine urbain ne doit pas conduire à sa muséification, ni à sa transformation en parcs de loisirs pour touristes. Il faut que cet espace ancien dont la commune de Honfleur a hérité, reste un lieu de vie et de sociabilité pour ses habitants, donc un lieu de résidence et d'activités économiques diversifiées fonctionnant sur l'ensemble de l'année pour une clientèle variée. Impératif simple à énoncer, difficile à concrétiser car la logique économique et la logique patrimoniale ne se concilient pas toujours aisément.

Plan de 1837. Il reprend dans ses grandes lignes le plan Cachin de 1790 tout en tenant compte des travaux réalisés depuis la Révolution (la démolition de la tour Carrée ou de l'église Notre-Dame, par exemple). En jaune, ce qui doit encore être détruit, en rouge les édifices publics, civils ou religieux à conserver ou nouveaux comme la mairie sur l'ancienne place d'Armes. AMH

HURE DE LA SEINE
Avant Port
Bassin Neuf
Vieux Bassin
Retenue
Retenue
Catherine
4me Feuille
5me Feuille
de
B

Le tourisme, chance et péril pour le patrimoine urbain

Le tourisme et le nouveau regard porté sur la ville historique au XIXe siècle

Le tourisme a débuté à Honfleur dans la première moitié du XIXe siècle. Il fut d'abord une pratique sociale élitiste et il n'a évolué que très progressivement vers une pratique de masse. La pratique touristique a pris aussitôt à Honfleur une orientation beaucoup plus « patrimoniale » que balnéaire en raison d'une configuration de côte peu propice aux bains de mer d'une part, et de l'absence d'une volonté politique forte pour assurer le développement d'une station balnéaire, d'autre part.

Honfleur a, en effet, bénéficié de la nouvelle sensibilité romantique qui imprégnait certains promeneurs, amateurs de paysages et de vestiges historiques, mais aussi de certains artistes sensibles à l'atmosphère marine de l'estuaire. L'émotion esthétique éprouvée par ces promeneurs et artistes de la première moitié du XIXe siècle face à des monuments ou des paysages, ou leur retranscription dans des recueils de voyages illustrés par la gravure et la lithographie, ont contribué à la diffusion d'un nouveau regard de la société vis-à-vis du bâti ancien et des sites. De cette transfiguration du regard porté sur des paysages familiers par ces premiers « touristes » a émergé dans la deuxième moitié du XIXe siècle, lors des bouleversements des territoires urbains sous l'effet de l'exigence de l'économie industrielle, une véritable prise de conscience patrimoniale au sein des élites économiques et culturelles de la société urbaine.

Elle a permis de sauvegarder durablement dans la ville les édifices remarquables, pour lesquels le classement au titre des monuments historiques a offert la protection de la loi ; de même pour le bâti ancien plus modeste dont la destruction, chaque fois qu'une opération immobilière ou d'urbanisme était projetée, n'était plus envisagée sans une réflexion préalable. L'intérêt de sa conservation au regard de critères esthétiques ou historiques, suffisait souvent à lui seul pour que l'on y renonce.

Honfleur a d'autant mieux pu préserver ce bâti ancien que la pression foncière sur la vieille ville a été relativement faible comparativement à d'autres agglomérations urbaines dont le dynamisme démographique et économique était beaucoup plus fort. La Seconde Guerre mondiale enfin, a épargné le bâti urbain. Ainsi, il n'y eut qu'un très petit nombre de destructions entre les années 1850 et 1960 : quelques grandes villas ou châteaux comme ceux du Canteloup ou de la Tour sur le plateau de Grâce, quelques autres bâtisses de moindre importance complètement délabrées par l'âge ou par la médiocrité de la construction, le bassin du Centre envasé que le conseil municipal a décidé de combler en 1960…

Cette préservation remarquable du bâti ancien à partir du milieu du XIXe siècle ne s'est hélas pas accompagnée pendant tout ce siècle de l'entretien et des réhabilitations nécessaires, renvoyant à la majorité des habitants encore peu sensibles aux valeurs du patrimoine une

---

Deux représentations romantiques de Honfleur dans la première moitié du XIXe siècle :
Ci-dessous : Joseph Morlent, Album du voyage au Havre et aux environs. Les fossés Saint-Léonard vers 1841. BML
Pages suivantes : Honfleur vers 1832. Aquarelle de J.-M.-W. Turner pour Turner's Annual Tour. The Seine, 1834. *Londres, Tate Gallery*

image de la ville peu valorisante. Il n'en était pas de même pour la clientèle touristique, en grande partie parisienne, qui appréciait le charme suranné et pittoresque de la vieille ville au point, parfois, d'en souhaiter la conservation intégrale, « dans son jus », au nom du respect de son authenticité.

Si l'espace central de la ville a été exempt de changements importants, sur sa périphérie se sont imprimées toutes les marques de la modernité industrielle : équipements portuaires, zones d'activités industrielles, emprise ferroviaire, habitat ouvrier et grand ensemble... C'est aujourd'hui cette périphérie proche de l'espace central qui concentre encore les opérations d'urbanisme les plus nombreuses. L'heure est à la reconversion de ses fonctions. Elle est sommée de se plier aux exigences nouvelles de l'exploitation touristique de la vieille ville. Son étroitesse rend, en effet, nécessaire l'intégration de la proche périphérie et le rejet, encore plus loin du centre ancien, des activités industrielles, commerciales ou de services, voire des zones d'habitat de la population résidente.

Les deux tendances de la mise en tourisme du patrimoine urbain

Comment réaliser la mise en tourisme de la ville pour répondre aux attentes de la clientèle touristique qui fait travailler directement ou indirectement, une part de plus en plus importante de la population active ? Les diverses réponses possibles à cette question majeure alimentent les débats qui se nouent autour de chaque nouveau projet d'aménagement urbain, de restauration ou de réhabilitation du bâti ancien.

Ces débats renvoient souvent à la conception que l'on se fait de la gestion du patrimoine urbain dans le contexte de la mise en tourisme de la ville historique.

La tentation actuelle est, après celle de la muséification qui embaume le tissu ancien à des fins historiques et esthétiques, la « disneylandisation », qui consiste à laisser se développer un processus conduisant à donner au bâti ancien une unité, une homogénéité, une qualité esthé-

Qu'est-ce que le patrimoine urbain ?

Celui-ci se définit comme un arrangement original d'immeubles majoritairement anciens, de taille et de formes diverses, caractérisé par la petite échelle des pleins et des vides, s'ordonnant le long d'une trame viaire elle-même ancienne, et s'inscrivant dans un site, ce que les géographes appellent un tissu urbain ancien ou l'historien de l'art Camillo Sitte, « la ville historique ».

Ce patrimoine est la résultante d'une histoire, celle de la communauté d'habitants qui est présente en ce lieu depuis le Moyen Âge et dont l'activité productive a toujours été reliée à celle d'autres communautés avec lesquelles elle échangeait d'autant plus qu'elles appartenaient aux mêmes entités politiques plus englobantes (le Duché de Normandie, le Royaume de France) Il existe donc des parentés de formes observables entre le patrimoine honfleurais et les autres patrimoines urbains, ce qui n'empêche pas son originalité du fait des singularités de l'histoire locale et des spécificités de son site ou de sa situation.

Ce patrimoine urbain est donc porteur d'une mémoire qui rend le passé de la communauté présent dans son espace de vie ; il permet une approche sensible du passé.

A sa valeur d'usage fondée sur l'historicité, la beauté, l'identité et l'exemplarité, s'est ajoutée plus récemment une valeur d'échange : il est devenu une ressource liée à l'économie du tourisme. Les défenseurs du patrimoine urbain peuvent aujourd'hui se prévaloir de son intérêt économique : il n'est plus seulement un coût, il est aussi une ressource à exploiter.

Le tourisme, chance et péril pour le patrimoine urbain

19

CCLIX — 135

Les jardins de l'allée du Tripot. SVH

■ *Les effets de la mise en tourisme d'un îlot du centre historique grâce à l'aménagement d'une voie piétonne paysagée qui le traverse, ne seront perceptibles qu'au bout de quelques années : l'allée du Tripot passe au travers d'anciennes cours de particuliers où s'effectuait la confluence des deux bras de la Claire avant de se jeter dans les fossés qui entouraient l'Enclos. Des activités de tannage et de teinturerie y étaient implantées comme le montre la présence d'anciens bacs de teinture au premier plan. Les façades des maisons de la rue Chaussée qui dominent cet îlot sont mal entretenues. Elles sont précédées par des extensions de médiocre facture qui servaient autrefois d'atelier ou de lieux de stockage. Les propriétaires des immeubles devenus visibles du fait de l'ouverture au public de cette nouvelle voie, vont progressivement entreprendre des travaux de ravalement et de rénovation qui en modifieront complètement l'aspect. La mise en tourisme de l'espace est un moteur puissant de réhabilitation du bâti ancien.* ■

opérations « d'éclaircissage » et conçoivent le tissu urbain ancien comme « un ensemble interactif tenant l'essentiel de sa vitalité de la qualité des réseaux matériels et immatériels qui joignent et animent les différents éléments de la ville historique ». Le maintien d'activités commerciales et de services variés de proximité qui permettent à une population résidente diversifiée d'y vivre, rend possible la concrétisation de cette ambition. Cette conception de la gestion du patrimoine urbain est tout à fait en phase avec la recherche d'un tourisme de qualité reposant sur une clientèle soucieuse de découvrir, comprendre et respecter l'environnement de son lieu de villégiature.

Une voie médiane ?

La gestion du patrimoine urbain honfleurais paraît aujourd'hui s'établir sur une ligne de crête, hésitant entre les deux options : la tentation de faire de Honfleur un parc de loisirs existe et la pression des lobbies locaux ou extérieurs s'exerçant dans cette direction est forte : l'installation d'un manège présent pendant six mois sur la place de la mairie, à l'emplacement de l'ancienne tour, celle d'une grande roue près de l'ancien bassin de commerce, mais aussi l'envahissement du quai Sainte-Catherine par les tables des restaurants qui ont colonisé tous les rez-de-chaussée des immeubles inscrits à l'inventaire des monuments historiques, la disparition des commerces de proximité des quartiers anciens au profit des galeries de tableaux ou des commerces exclusivement destinés à la clientèle touristique, le projet de recreusement du bassin du Centre, prétexte à la réalisation d'une forme de marina à laquelle on veut donner des airs de Vieux Bassin en témoignent.

A côté de ces dérives constatées ou simplement potentielles de la touristification, d'autres aspects de la politique municipale vont dans le sens d'une préservation véritable du patrimoine urbain. Ainsi, en est-il de la réfection des vieilles maisons, encouragée par des dispositifs municipaux d'aide financière, de la construction dans les interstices du tissu urbain de la ville historique de logements modernes à loyers modérés, avec une esthétique soignée, compa-

tique qui gomme les incohérences de l'histoire pour correspondre à un imaginaire façonné par l'industrie culturelle de masse. Il lui fait ainsi perdre toute authenticité. Le patrimoine peut dans ce cas être réduit à un simple art du décor pour des activités commerciales qui s'adressent exclusivement à une clientèle touristique, ce qui peut même conduire à construire des édifices pastichant des formes anciennes à la manière des parcs de loisirs. C'est, en effet, la logique de l'industrie du tourisme de vouloir créer des îlots de « paradis perdu » pour répondre à l'attente du consommateur. Cette conception exclusivement marchande du patrimoine aboutit à une perte totale de sens.

A rebours de cette tendance forte, on peut préférer des réhabilitations moins ostentatoires qui respectent les marques des vicissitudes de l'histoire, les architectures mineures de la quotidienneté, qui pratiquent avec prudence des

tible avec celle du bâti ancien, permettant le maintien de résidents permanents modestes qui auraient été chassés par la spéculation immobilière. De même l'action de la municipalité pour sauvegarder le port intérieur menacé d'envasement, la réhabilitation de la voirie et l'organisation assez efficace de la circulation et du stationnement en dépit des contraintes de la trame viaire ainsi que la restauration des monuments historiques, renforcent l'attractivité du centre ancien, préservent sa vitalité et son identité tout en évitant sa muséification.

La valorisation du patrimoine respectueuse du sens et des valeurs qu'il porte, apparaît ainsi comme un combat permanent qui appelle de la part des acteurs de la société civile, comme des élus, une vigilance de tous les instants et un travail pédagogique efficace auprès des habitants.

■ *La fête de la Pentecôte et la fête du 14 juillet déroulent leurs manifestations traditionnelles dans la vieille ville et plus particulièrement autour du Vieux Bassin. Elles continuent de mobiliser les habitants pour lesquels ces deux grandes fêtes sont des moments privilégiés de rencontres et de convivialité par lesquels se renforce leur sentiment d'appartenance à une communauté. Elles sont de ce fait une composante du patrimoine urbain. C'est le maintien de l'authenticité de ces manifestations festives, en dépit de leur dimension également folklorique, qui séduit les touristes. A contrario, la fête de la Crevette, de création très récente, pure manifestation touristique dépourvue d'authenticité, suscite peu d'intérêt dans la population locale et n'apporte qu'une faible valeur ajoutée à l'économie touristique.* ■

Ci-dessus : le manège devant la mairie, face à la Lieutenance. SVH
Ci-contre : le défilé de la Pentecôte. SVH
Ci-dessous : le concours du mât incliné le jour du 14 juillet. SVH

Angles de vue sur le tissu urbain ancien

Du front de mer au front de Seine

Vue de la mer en entrant dans la baie de Seine en direction du sud, du XVIe au milieu du XIXe siècle, la ligne de rivage, du XVIe siècle au milieu du XIXe siècle, se révèle sous les traits d'une silhouette formée d'un bâti composite, étagé en plusieurs niveaux dans sa partie centrale et enchâssé sur toute sa longueur dans un amphithéâtre de verdure. Celle-ci s'étire d'est en ouest sur une distance d'environ quatre kilomètres depuis le hameau de la Rivière jusqu'à la place de l'hôpital dominée par le plateau de Grâce et se prolonge sur un kilomètre en s'infléchissant vers le sud jusqu'au lieu dit Le Butin. Ce front de mer constitue la matérialisation dans le paysage de la mise en valeur de l'espace littoral qui s'est effectuée sous la dépendance de Honfleur, bourg, puis ville portuaire, installée au débouché de la petite vallée de la Claire dans l'estuaire de la Seine.

Une aquarelle du peintre Léon Leclerc présente une reconstitution de la partie centrale de ce front de mer honfleurais tel qu'il s'offrait encore au regard des marins arrivant par la mer à la veille de la Révolution Française. Celle-ci ne doit pas être trop éloignée de la réalité. Elle lui a été en partie suggérée par la documentation iconographique et cartographique qu'il a rassemblée au sein de la société d'Ethnographie et d'Art populaire Le Vieux Honfleur fondée sous ses auspices en 1896. La série de lithographies de Tirpenne qui s'assemblent en une très longue frise couvrant presque la totalité de la façade maritime, en révèle pour sa part, l'évolution jusqu'au Second Empire.

Léon Leclerc campe au centre de sa composition l'imposante tour Carrée (construite pendant la guerre de Cent Ans) couverte d'un toit en pavillon ; elle encadre, avec la Lieutenance, l'entrée du bassin de commerce intérieur (dit le Vieux Bassin). A l'est se succèdent l'Hôtel du Gouverneur qui a abrité également quelques temps les délibérations du Corps de ville, puis les hauts murs qui en protègent les jardins et enfin la Tour dite aux Poudres en raison de sa fonction d'entrepôt des munitions de la place forte.

Bien que le peintre ne le représente pas, le front de mer se prolongeait à l'ouest, après le petit avant-port délimité par la jetée du milieu et le quai de la Planchette, au pied de la Lieutenance. Il s'étirait sur quatre cents mètres environ par un mur qui protégeait les habitations de la rue Haute des assauts de la mer. Probablement construit aux frais de la couronne comme le suggérait le cordon royal (la moulure légèrement saillante qui courait aux deux tiers de sa hauteur), ce mur servait également à amarrer les navires qui ne pouvaient aborder dans le port intérieur lorsque son entrée était obstruée par des bancs de sable.

A l'extrémité du mur l'espace s'ouvre sur la

Ci-dessus : Léon Leclerc, Panorama du front de mer.
Cliché Honfleur, musées du Vieux Honfleur

Ci-dessous : Jean-Louis Tirpenne, Honfleur, vue panoramique, *1865.* Musée Eugène Boudin, Honfleur. Photo H. Brauner

place de l'hôpital. Un petit parc planté de tilleuls y a été aménagé ainsi qu'un parc d'artillerie depuis le milieu du XVIIIe siècle.

Entre la fin de l'Ancien Régime et le Second Empire, soit en une soixantaine d'années, d'importantes modifications sont intervenues dans la composition du bâti. En effet, la tour Carrée a été démolie dès 1809. Au début des années 1830, l'Hôtel du Gouverneur a subi le même sort au moment où commençaient sur l'ancienne place d'Armes les travaux de construction du nouvel Hôtel de Ville ; puis la tour aux Poudres et enfin une partie de la Lieutenance (sa terrasse et le mur qui fermait les quais du Vieux Bassin en direction de son entrée). Toutes ces transformations méthodiquement conduites par les muni-cipalités successives pendant cette première moitié de XIXe siècle correspondent, en fait, à la mise en œuvre du plan établi par Cachin, l'ingénieur du port au début de la Révolution Française. Par contre, ce sont les violentes tempêtes qui se produisirent en 1797 et 1799, à la fin du Directoire, qui ont eu raison de la résistance du « cordon royal ». Très endommagé, il n'a pas été restauré et sa démolition s'est faite peu à peu au gré des initiatives des riverains. Un phare en pierre a été érigé entre 1854 et 1857 à l'extré-

Angles de vue sur le tissu urbain ancien

Ci-dessus : Vue aérienne montrant les travaux d'endiguement du chenal de la Seine et de celui du port de Honfleur en 1949. En arrière, s'est constituée une plaine alluviale. CCI
Ci-contre : le quai en Seine, vue en direction du pont de Normandie. GPMR

■ *Dans sa partie Est, s'est effectuée à partir du début des années 1980 l'extension de la zone industrialo-portuaire. Les quais en Seine accueillent aujourd'hui des paquebots de croisière et des navires chargés de bois. A l'ouest, ont été regroupées les activités de loisirs dans une vaste aire paysagée (incluant jardins publics, piscine, serre à papillons, jeux pour les enfants et terrains de tennis).* ■

mité de la place de l'Hôpital pour baliser, avec le phare de Fatouville, la route d'entrée dans l'estuaire au nord du Ratier. Quelques années plus tard la place a été abandonnée par l'armée en raison du déclassement de son parc d'artillerie et de l'espace réservé à la batterie de canons.

Les lithographies de Tirpenne permettent également de découvrir les agrandissements du port vers l'est à la suite des grands travaux commencés dans les années 1830 qui ont permis la réalisation d'un nouveau bassin de commerce, d'une nouvelle anse dans l'avant-port et de deux nouvelles jetées, celles de l'est et de l'ouest, achevées au début du Second Empire.
A partir de la fin du XIXe siècle le front de mer se trouve, par étapes successives, repoussé plus au nord. Entre 1875 et 1914, l'aménagement d'un grand bassin de retenue au nord-est du port ainsi que la construction d'une digue depuis la jetée de l'ouest jusqu'au phare de l'hôpital permettant le comblement de l'estran devant le «cordon royal», produisent un premier décrochement par rapport à la ligne de rivage ancienne (croquis page 29). Entre le bassin de retenue et l'embouchure de la Morelle, sur des terrains sablo-vaseux consolidés, se développe l'importante zone d'activités industrielles du Poudreux, nom du hameau qui en marque la limite au sud. Après la Seconde Guerre mondiale, le creusement du chenal maritime de Rouen nécessite la construction de deux grandes digues encore plus au nord et de ce fait, le rallongement du chenal d'accès au port « intérieur ». Le front de mer en baie de Seine se transforme alors véritablement en un front de Seine.

Le front de Seine aujourd'hui

Les mutations des moyens du transport maritime, en particulier l'élévation du tonnage des navires, ont induit des transformations considérables dans les infrastructures portuaires et l'aménagement des fleuves navigables. La décision de prolonger la digue sud du chenal de la Seine par le port de Rouen pour approfondir le chenal de la Seine au lendemain de la Seconde Guerre mondiale a conduit à modifier les conditions d'entrée dans l'avant-port de Honfleur : la jetée en bois de l'ouest, détruite par les Allemands en 1944 avant leur retraite, n'a pas été reconstruite et deux longues jetées maçonnées ont été ajoutées à celles du XIXe siècle pour allonger le chenal d'accès à l'avant-port et rejoindre le canal de la Seine. Dès la fin des années 1970, l'Etablissement Maritime Rouen-Honfleur a décidé de construire le premier quai en Seine pour accueillir des navires de 40 000 t. Un deuxième quai a été aménagé puis un troisième. 8,5 ha de terre-pleins revêtus et un nouveau radar ont complété ces infrastructures nouvelles. Des compagnies de bois y ont installé leurs hangars.

Vue de Honfleur et de la baie de Saint-Sauveur à partir du belvédère du Mont-Joli au début du XXe siècle. SVH

Pour limiter les dragages dans le port, désormais essentiellement utilisé par les navires de plaisance et de pêche, un sas écluse a été réalisé à l'entrée du chenal en 1994. Un an après la CCI du Havre inaugurait le pont de Normandie. Ces infrastructures, productrices d'un nouveau paysage côtier, ont modifié l'environnement de la ville historique et composent avec elle un nouveau complexe patrimonial. Le maintien de l'ouverture de l'ancien port est une condition du respect de l'identité de Honfleur.

Du Mont-Joli

Ce nom (d'origine latine : Jovis = Jupiter) est donné à l'angle du rebord du plateau qui domine à l'ouest l'embouchure de la Claire dans l'estuaire de la Seine. La vue que l'on y découvre est exceptionnelle : le regard embrasse toute la vieille ville limitée au nord par les bassins de commerce, l'avant-port et l'ancienne baie de Saint-Sauveur devenue une vaste plaine alluviale après les travaux d'endiguement de la Seine au lendemain de la Seconde Guerre

Gravure de John Gendall, **Vue de Honfleur***, 1821. Musée Eugène Boudin, Honfleur. Photo Illustria*

Vue de Honfleur et de la plaine alluviale depuis le belvédère du Mont-Joli aujourd'hui. SVH

Les écluses du bassin de retenue. SVH
Inauguré en 1881 par Gambetta, alors président de la chambre des députés, le bassin de retenue pouvait libérer à marée basse 700 000 m³ d'eau dans l'avant-port par l'intermédiaire de son écluse de chasse qui comporte des portes, des vannes et des treuils de manœuvre. Cette écluse constitue un très bel ouvrage du XIXe siècle par son esthétisme et sa rareté. Ses piles de pierres, ses murs de briques, ses portes en acier et en chêne se fondent dans le paysage. Elle est inscrite à l'inventaire supplémentaire des monuments historiques depuis 1995. SVH

mondiale ; au-delà, les pylônes et les haubans qui supportent le tablier du pont de Normandie ainsi que les versants abrupts aux sommets boisés limitant cette vaste étendue plane qui se partage entre activités industrielles, zone humide naturelle à l'emplacement de l'ancien bassin de retenue à l'ouest du pont et pâturages d'embouche à l'est.

La gravure de J. Gendall (1790-1865) et de T. Sutherland témoigne de l'intérêt de ce point de vue à l'époque romantique. Bien que le paysage ne soit pas rendu avec l'exactitude de l'objectif du photographe, les auteurs nous montrent l'importance de la baie et l'étroitesse du site initial de la ville et du port de Honfleur.

La carte postale du début du XXe siècle (page 26) permet de saisir une étape entre le passage de la situation initiale à la situation actuelle : le plan d'eau fermé par des digues correspond au bassin de retenue aménagé de 1878 à 1881 : se remplissant par le nord à marée haute, il déversait ses eaux dans l'avant-port à marée basse pour en chasser la vase. Il fut inauguré par le président de la chambre des députés Léon Gambetta en 1881. La photographie ci-dessus montre les écluses qui permettaient de déverser les eaux du bassin de retenue dans l'avant-port. Elles ont fonctionné jusqu'au début des années soixante.

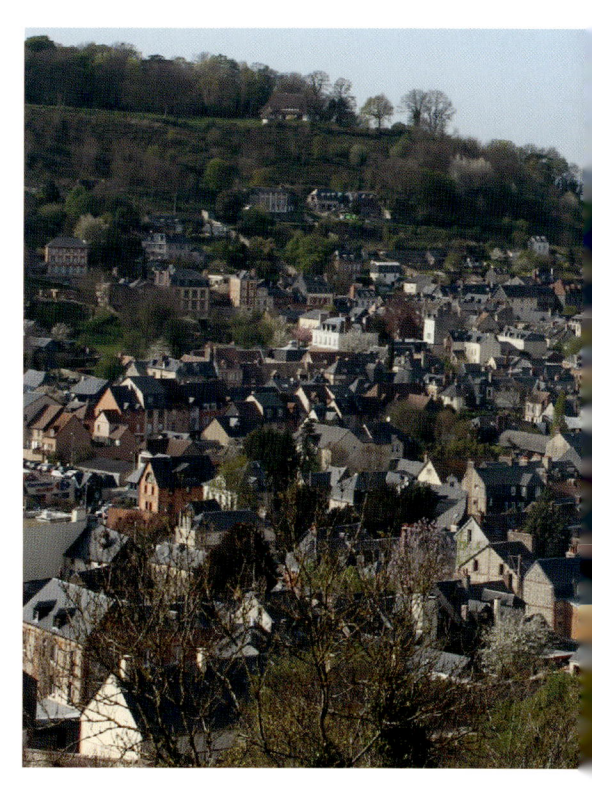

De la Côte Vassal

La Côte Vassal, fait le pendant du Mont-Joli à l'est de l'embouchure de la Claire. Une autre vision de la vieille ville se livre à notre regard. Son horizon à l'ouest est fermé par la Côte de Grâce qui s'avance en direction de la Seine, protégeant la ville et le port ancien des tempêtes. Là, réside le principal atout du port de Honfleur jusqu'à la Révolution Française : port d'abri, de refuge pour les navires qui par gros temps avaient beaucoup de difficultés à rallier le port du Havre.

La ville, par le faubourg Sainte-Catherine, est partie très tôt à l'assaut du versant de la vallée en direction du plateau de Grâce. Jusqu'au XIXe siècle c'est le plus dynamique, le plus populeux, celui des gens de mer qui placent leur destinée sous la protection de Notre-Dame de Grâce.

L'espace bâti donne l'impression d'une grande homogénéité et, pourtant, il est loin de correspondre partout à des constructions anciennes. C'est à cette aune qu'on mesure le mieux l'efficacité des règles d'urbanisme qui protègent la ville d'initiatives qui dénatureraient le paysage

Honfleur vu de la Côte Vassal en 1950. SVH
Cette vue plus ancienne (dans les années 1950) prise à partir d'un point de vue situé plus à l'est montre la grande stabilité du paysage urbain depuis le milieu du XXe siècle et notamment l'efficacité des mesures de protection de la partie supérieure du versant, pourtant convoité, du Mont-Joli. Cette protection a été étendue récemment à l'ensemble du rebord de plateau de la communauté de communes du pays de Honfleur-Beuzeville sous l'appellation de « corniche augeronne ».

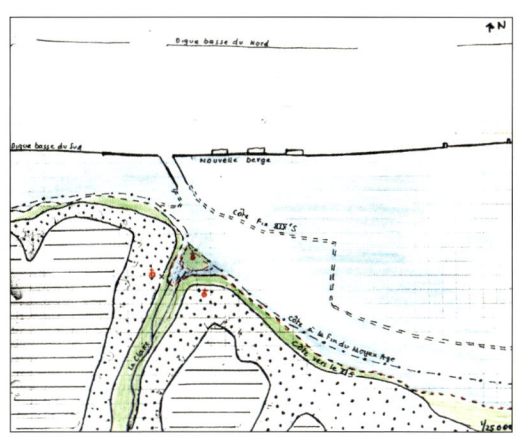

Ci-dessus : *Honfleur vu de la Côte Vassal.* SVH

Evolution du trait de côte depuis le Moyen Age au niveau de Honfleur. SVH

Le croquis ci-dessus permet de suivre l'évolution du trait de côte depuis le Moyen Âge sur la rive sud de l'estuaire aux abords de l'embouchure de la Claire.
- - - - - - -   La côte vers le XIe siècle.
_._._._   La côte à la fin du Moyen Age.
= = = = =   La côte à la fin du XIXe siècle.
—————   La côte aujourd'hui.

C'est depuis le milieu du XIXe siècle que les changements sont les plus spectaculaires du fait de la canalisation de la Seine et de l'effort des acteurs locaux pour que Honfleur ne connaisse pas le sort de Harfleur.

urbain : celles du secteur sauvegardé et celles issues du classement au-delà de son périmètre du reste du territoire urbain en site inscrit. L'ardoise, la brique ou les parements de ton beige et ocre assurent une unité à cet ensemble.

Vers le nord, le paysage s'ouvre sur le canal de la Seine et après la digue basse sur l'ensemble des milieux amphibies de la plaine littorale qui précèdent la zone d'activités industrielles du Grand Port du Havre ; au-delà, l'agglomération havraise dominée par les falaises du Pays de Caux.

L'avant-port devant le Vieux bassin. SVH

Honfleur vu de l'entrée du port

Ce que l'on appelle l'entrée du port ou avant-port n'a cessé d'évoluer au cours des âges. Jusqu'au XIVe siècle, le port se réduisait à deux havres d'échouage, dont un hors les murs, qui n'étaient précédés d'aucune installation : ils étaient directement ouverts sur l'estuaire. Ensuite, un premier avant-port fut aménagé devant la Lieutenance entre deux jetées en bois ❶. Cette situation dura jusqu'à la fin du XVIIIe siècle. L'aménagement du bassin Neuf fut complété d'une jetée créant un deuxième avant-port ❷. La troisième étape fut constituée par l'adjonction d'un nouvel avant-port aux deux précédents lors de l'aménagement du bassin de la République en 1848. L'accès des bassins fut assuré par un chenal désormais protégé par deux longues jetées, dont une en bois qui s'avançait dans l'estuaire (cf. page 32 et ❶). La dernière étape remonte à 1949. Les deux jetées, ont été prolongées par deux nouvelles jetées maçonnées (cf. page 24 et ❸) rejoignant les nouvelles digues construites au même moment pour réaliser devant Honfleur la canalisation de la Seine.

Le mât de signaux et le feu de marée qui sont des sémaphores au sens étymologique (mot issu du grec ancien qui signifie porteur de signe) ainsi que la baraque aux balises témoignent

Le front de mer. Gravure du XIXe siècle. SVH

Henri de Saint-Delis (1878-1949). **Barques devant le Cheval Blanc.** *Musée Eugène Boudin, Honfleur. Photo H. Brauner*

Vue aérienne de l'avant-port. Droits réservés

■ L'avant-port est la partie de l'équipement portuaire située après le chenal d'accès au port. Précédant les bassins, il permet aux navires de casser leur vitesse et leur erre avant de manœuvrer à l'abri pour y entrer (la largeur des pertuis d'entrée des bassins à flot est en général assez faible en raison de la présence des écluses). La configuration actuelle de l'avant-port de Honfleur s'est construite par étapes, chacune d'elle venant compléter, sans les modifier, les autres équipements. Le chenal réalisé après la Seconde Guerre mondiale est fermé depuis 1994 par un sas-écluse. ■

des progrès de la signalisation portuaire au XIXe siècle mais aussi de la faiblesse des moyens dont on disposait dans les ports pour informer les navires qui arrivaient du large.

Ces équipements correspondent à la première phase des travaux de modernisation et d'agrandissement du port depuis la fin du XVIIIe siècle. Commencés en 1837, sous la Monarchie de Juillet, ils furent achevés au début du Second Empire.

Le feu de marée, à l'extrémité de la jetée Est, a été allumé le 15 décembre 1855. C'est un feu de marée rouge dioptrique de quatrième ordre dont on aperçoit la lumière de 12 à 15 km. Il est placé à 11 m au-dessus des plus fortes marées.

Le mât de signaux a été construit en 1857. La combinaison de pavillons hissés aux drisses de ces mâts composait des messages simples, lisibles par les bateaux passant à proximité.

La baraque aux balises a été installée à la même époque par le service des Phares et Balises, administration créée en 1806 et rattachée à la Direction des Ponts et Chaussées dépendant du ministère de l'Intérieur.

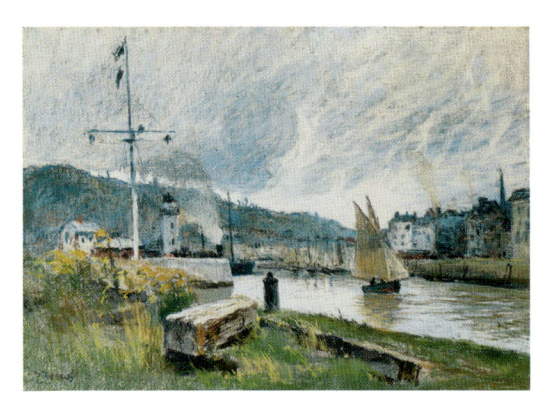

Paul Rossert (1851-1918), **Honfleur, l'entrée du port.**
Musée Eugène Boudin, Honfleur. Dépôt des musées du VIeux Honfleur, 1899. Photo H. Brauner

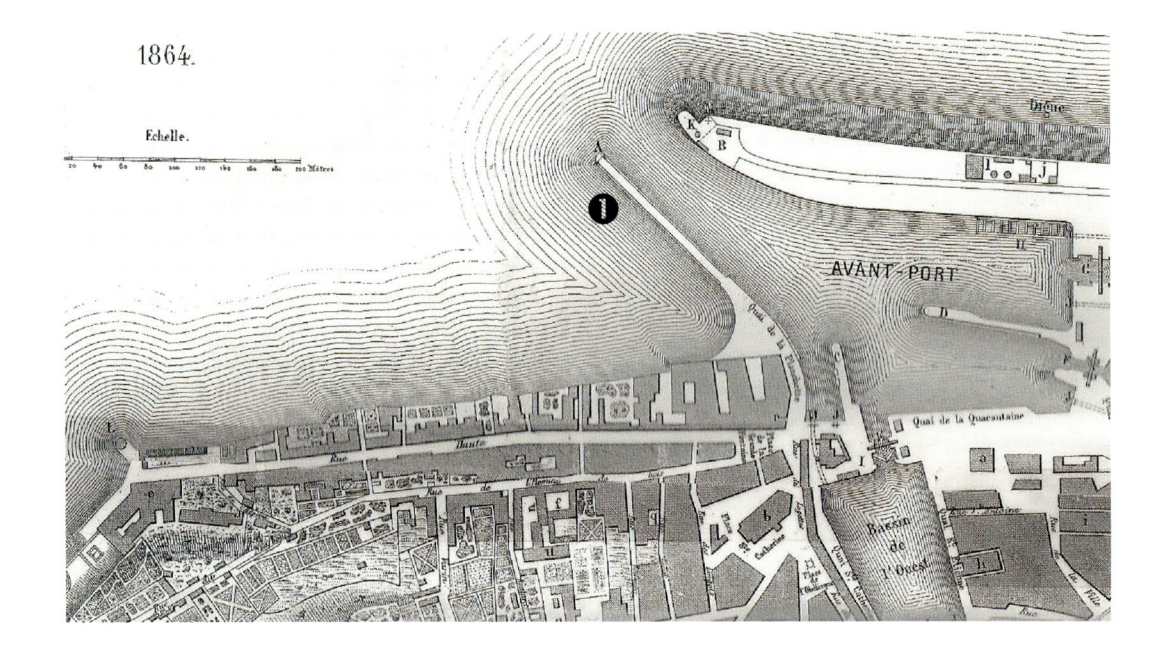

L'entrée du port de Honfleur sous le Second Empire. A l'extrémité de la jetée de l'Est, le mât de signaux, les feux de marée et la baraque aux balises. Extrait d'un plan du port sous le Second Empire. MM

Avant-port devant la jetée de l'Est vers 1880. Gravure colorisée.

Le mât de signaux et la baraque aux balises aujourd'hui. Ils ont été inscrits sur la liste supplémentaire de l'inventaire de 1995. SVH

Du havre d'échouage au Vieux Bassin

Du havre d'échouage au Vieux Bassin

La première mention manuscrite de Honfleur remonte à 1027. Le nom du site est mentionné dans une charte par laquelle Richard III fit donation, aux moines de l'abbaye de Jumièges, de salines situées à Honfleur. La petite agglomération située à l'embouchure de la Claire y est désignée sous le nom de Honnefleu. En 1040, Herluin de Conteville (beau-père de Guillaume-le-Conquérant, cède à l'abbaye de Grestain qu'il vient de fonder, des droits qui s'étendent « depuis le Gord (port) de Killebeu jusqu'au port noir à l'est de Honnefleu ».

Ce toponyme, honnefleu, qui apparaît dans les textes de la première moitié du XIe siècle, est incontestablement d'origine scandinave même si sa signification peut encore faire l'objet de débats entre linguistes. Et les deux première mentions manuscrites semblent bien établir l'existence de deux havres d'échouage distincts, Honnefleu et le Port Noir, situés en fait à proximité l'un de l'autre de part et d'autre d'un banc de sable sur lequel s'est construit l'Enclos.

Au XIIe siècle, Honfleur offrait aux navigateurs une série de havres d'échouage abrités des vents de sud-ouest à nord-ouest par l'avancée du plateau de Grâce et l'anse que forme la rive sud de la baie de Seine. L'embouchure de la Claire se trouvait à mi-chemin sur la route Rouen-Caen, les deux capitales du duché.

Les installations portuaires étaient embryonnaires : un havre d'échouage occupant l'embouchure du bras occidental de la Claire dans l'estuaire, inséré dans un espace clos par des levées de terre surmontées de palissades de bois formant l'Enclos, c'est-à-dire un bourg fortifié. Les bateaux s'échouaient également sur la grève en dehors de l'enceinte, et notamment

La gravure d'Ozanne (XVIIIe siècle) restitue de manière vivante les fonctions du Vieux Bassin et la vie portuaire qu'il anime. MM

dans cet autre havre situé à l'est, à l'embouchure d'un autre bras de la Claire, que les textes anciens dénomment le port noir.

L'activité du port reposait alors sur la pêche littorale, notamment au hareng, et sur le commerce de cabotage vers l'Angleterre : commerce du sel, du poisson salé, du vin, des peaux, du cuir et des draps. Un document conservé à Londres prouve qu'un siècle après la conquête du duc Guillaume, Honfleur servait avec Rouen de port de transit de marchandises vers l'Angleterre. Ce commerce s'étendit jusqu'en Espagne au XIVe siècle.

Entre la guerre de Cent Ans et le XVIIe siècle, Honfleur connut une période qui fut dominée plus par les préoccupations militaires qu'économiques : ce fut un port de guerre dont la fortification a été entreprise par Charles V puis sans cesse renforcée et adaptée à l'évolution de la poliorcétique jusqu'à la fin du XVIe siècle. Les infrastructures portuaires, contrairement au système de défense, évoluèrent peu et restèrent de ce fait très sommaires : deux estacades, d'abord en bois puis en maçonnerie, furent construites sous le règne de Charles VIII devant la porte de Caen pour créer une forme d'avant-port. Un long mur, à la fois quai et courtine, courait entre l'estacade dénommée quai de la Planchette et l'Hôtel-Dieu, devant lequel venaient s'échouer de nombreux navires marchands dont les cargaisons s'entassaient dans les entrepôts des armateurs situés en arrière du mur percé de nombreuses portes à mi-hauteur. En 1668, Colbert envoya Duquesne étudier les améliorations possibles de l'infrastructure du port de Honfleur perçu comme complémentaire de celui du Havre. L'ampleur des travaux réalisés dépassa largement les recommandations de Duquesne. Outre la restauration des jetées de l'avant-port, du quai de la Planchette et du quai du Milieu, la réparation des écluses et le dévasement des havres du dedans et du dehors, on entreprit la réalisation d'un bassin à flot. Les fortifications devenues inefficaces contre l'artillerie furent démolies de 1669 à 1682 : le bastion Bourbon (ou bastion de La Barre) fut rasé ainsi que la plus grande partie de l'enceinte ouest et que les maisons adossées à cette enceinte, expropriées au préalable. Dès 1683, on aménagea la porte de Caen pour loger le lieutenant du roi. Le petit port d'échouage, ainsi réuni aux fossés de l'ouest se trouva notablement agrandi et transformé en bassin à flot par la construction d'une écluse à portes busquées. Une écluse de chasse fut établie au fond du bassin et on construisit en pierre les murs des quais. Le montant de ces travaux qui durèrent de 1684 à 1690 fut revu à la hausse à plusieurs reprises. Les Honfleurais y contribuèrent pour 100 000 livres sur un montant total de 418 539 livres. De nombreux caboteurs et navires au long cours purent venir s'amarrer le long des quais du nouveau bassin (l'appellation Vieux Bassin date du XIXe siècle). Il accueillait aussi des navires de guerre qui ne pouvaient rentrer dans le port du Havre. La gravure d'Ozanne montre la diversité des unités qui le fréquentaient.

Les maisons du quai Sainte-Catherine

Cet alignement de hautes maisons jointives, étroites de façade, en bordure du quai d'un bassin de commerce offre le témoignage architectural saisissant d'un quartier portuaire du XVIIIe siècle.

A cette époque, le port était dans la ville et les acteurs de la vie portuaire se rassemblaient autour des quais où ils élisaient domicile.

L'effet « barre d'immeuble » qui pourrait résulter de cet ensemble de plus de 200 m de long n'existe pas grâce à l'alternance des couleurs des façades des immeubles aux parements faits de matériaux différents (brique, ardoise, pierres, enduits), à leur hauteur et à leur largeur réduite qui leur donnent des silhouettes longilignes. Quelques lignes horizontales créées par les encorbellements ou par des ruptures de matériaux dans le parement des façades en atténuent cependant la verticalité..

Cet ensemble est le fruit d'une opération immobilière réalisée par la duchesse de Montpensier

Une photographie du Vieux Bassin et des immeubles du quai Sainte-Catherine vers 1860. MM

à l'époque de la rénovation du port ordonnée par Colbert. Le bassin à flot créé par la réunion de l'ancien havre d'échouage et des fossés, après démolition du mur d'enceinte, donna l'opportunité de vendre les terrains de la contrescarpe pour la construction. La concurrence pour disposer d'une maison sur les quais du nouveau bassin fut exploitée par les promoteurs du projet qui dessinèrent des parcelles de très petites dimensions nécessitant de construire en hauteur. En fait, deux propriétaires se partageaient chaque immeuble : l'un ayant son entrée sur les quais, le second le long de l'ancien chemin de ronde au-dessus de la contrescarpe sur la façade arrière. Les premiers pouvaient même disposer de caves creusées sous le talus et voûtées en pierre. Les maisons qui font face à la Lieutenance, les plus anciennes, présentent des encorbellements très accentués au-dessus du rez-de-chaussée.

C'est à partir du XIXe siècle que les rez-de-chaussée se transformèrent en boutiques avant de devenir à partir des années 1980 des restaurants dont les terrasses se déploient sur le quai pendant toute la saison estivale.

De la porte de Caen à la Lieutenance

La Lieutenance, par ses multiples composants, même s'ils sont peu lisibles aujourd'hui compte tenu des nombreuses transformations subies par l'édifice, constitue à elle seule un résumé de l'histoire de la ville.
L'édifice qui porte le nom tardif de Lieutenance est un vestige des fortifications de la ville de Honfleur. Il correspond à une transformation au XVIe et XVIIIe siècles d'une porte fortifiée, la porte de Caen, située au nord-ouest de l'Enclos. Initialement, la porte de Caen, n'était qu'une ouverture pratiquée dans le mur des remparts qui venait aboutir à l'entrée du havre d'échouage, face à la tour Carrée. A la fin du XVe siècle, l'épaisseur des murs a été renforcée, un boulevard protégé par un mur en pierre fut

Le Vieux Bassin et le quai aujourd'hui. SVH

Maisons du quai Sainte-Catherine. SVH

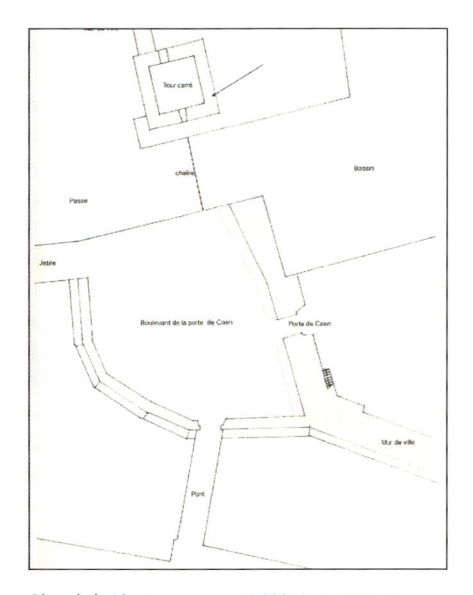

Du havre d'échouage au Vieux Bassin

Plan de la Lieutenance vers 1580. Mairie AMH MH

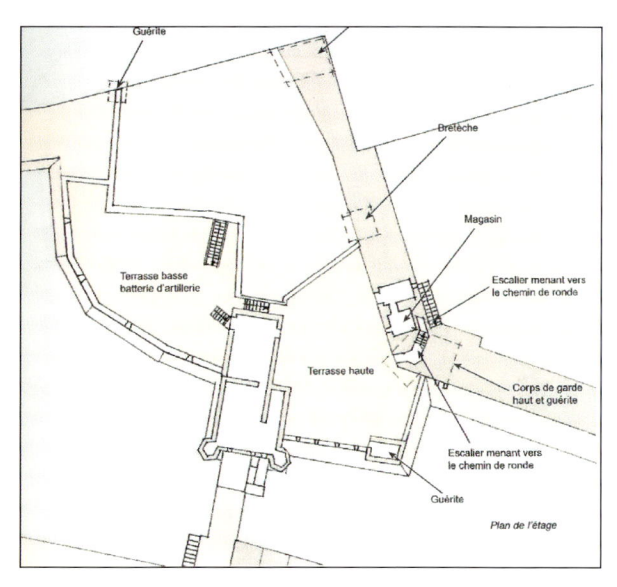

Plan de la Lieutenance vers 1630. Mairie AMH MH

■ *Les trois plans permettent de saisir l'évolution de l'édifice du XVIe siècle à aujourd'hui. Le dernier présente le plan masse de l'état actuel et le tracé des parties disparues.*
Extrait de l'Etude préalable à la restauration de la Lieutenance par D. Lefèvre, architecte en chef des monuments historiques. ■

Le plan de synthèse des étapes de la construction de la Lieutenance. Mairie AMH MH (Daniel Lefèbvre et Christian Corvisier)

1. Anonyme, La Lieutenance, fin XVIIIᵉ siècle. Musées du Vieux Honfleur, Honfleur. Photo H. Brauner

2. Honfleur, vue de la porte de Caen ou Lieutenance.
L.-J. Wood, gravé par G. Childs, 1837-1838, lithographie.
Musée du Vieux-Honfleur, © musée-Illustria

3. La Lieutenance vers 1900. MH

■ *Quatre étapes des transformations de la façade nord-ouest de la Lieutenance.*
1. Vue d'ensemble depuis le quai de la Planchette à la fin du XVIIIᵉ siècle.
2. Vue générale de la Lieutenance avant la démolition du boulevard.
3. La situation vers 1900. La statue qui avait été retirée de sa niche et cachée chez un pêcheur pendant la Révolution Française, est retrouvée en 1861 et remise à sa place après restauration depuis 1863. Le passage sous la voûte est fermé en raison de la construction à son extrémité du pavillon des douanes. Au pied du mur ont été installées des latrines publiques. Toutes ces adjonctions disparurent en 1935 et 1936.
4. Façade du pavillon et du porche de la Lieutenance après la restauration de 2017. La statue a été restaurée et une horloge et un cadran de type de celui qui existait avant la Révolution ont été replacés à l'abri d'un auvent.

aménagé au nord devant la porte de Caen. Le boulevard s'ouvrit par un pont qui n'était pas encore levant, en direction de la place de la fontaine « bouillante ».

C'est dans les années 1580 qu'ont été élevés face au quartier Sainte-Catherine la terrasse haute et le pavillon au-dessus de l'entrée du boulevard avec ses échauguettes et son toit « à la française » surmonté d'un clocheton. Le décor de la façade avec ses pilastres et son fronton, est un peu plus tardif, vers 1640-1643. A son achèvement, une statue de la Vierge fut placée dans la niche aménagée au-dessus de la porte. Ce n'est qu'à la fin du XVIIe siècle, pour loger le lieutenant du Roi, que les échevins firent ajouter une aile dans le prolongement du pavillon vers le sud, réduisant ainsi de moitié la surface de la terrasse haute. C'est à la même époque que le long mur d'enceinte qui reliait la Lieutenance au bastion du Dauphin fut abattu pour aménager le quai Sainte-Catherine et le Vieux Bassin.

Mur nord du pavillon de l'avant-porte et les locaux administratif qui le prolongeait vers l'est.

On distingue l'arrachement du mur d'enceinte qui reliait la porte de Caen au bastion du Dauphin au sud.

Intrados de la porte de Caen et mur pignon du magasin construit au XVIIIe siècle par l'Hospice pour abriter le matériel de calfat.

La Lieutenance, du rejet à l'icône

«...Cela nous fait voir qu'il faudra un jour ou l'autre abattre ce vieux monument de la Lieutenance qui n'a rien de gracieux et qui ne rappelle même pas l'Antiquité puisqu'il a été fait à différentes époques, et les bâtiments du haut ne datent guère que de quelques années. Nous ne demandons pas maintenant le déménagement de M. l'ingénieur, ni de ses bureaux ; mais si ce fonctionnaire de l'Etat venait à avoir son avancement pour un autre lieu, ce serait le moment de mettre la pioche sur cette vieille masse de maçonnerie, quitte pour la ville à faire les frais d'un logement ailleurs. Nous chanterions volontiers, d'avance, un De profundis ».
Clément de Baudre, *L'Echo Honfleurais*, 23 septembre 1863)

L'escalier de bois fut construit après la démolition de la terrasse basse en 1839. On notera la réutilisation pour son entrée d'un encadrement de pierre architecturé et du perron à pans de l'ancien escalier. Carte postale colorisée, début XXe siècle, vue du quai de la Jetée du Milieu. SVH

La lucidité du propriétaire de *l'Echo Honfleurais* sur les caractères de l'édifice n'a d'égale que sa volonté éradicatrice. Le jugement exprimé n'est pas nouveau et il reflète l'opinion commune des Honfleurais de cette époque. Le projet de sa destruction datait de la fin du XVIIIe siècle, la Révolution l'avait sauvée mais la Lieutenance n'avait pas encore gagné les cœurs.

En effet, la démolition de l'édifice avait été considérée comme un des moyens de la modernisation du port. Une bourse de commerce était prévue à son emplacement. Pour cette raison, la ville avait obtenu du duc d'Orléans sa rétrocession en 1785 et le départ du lieutenant du Roi en échange du versement d'une indemnité de 1 900 livres par an. La ville ayant cessé de la payer à partir de 1789 et n'ayant pas engagé de travaux, l'Etat en 1808 estima qu'il pouvait en disposer pour loger les services du port. Ceux-ci cohabitèrent longtemps avec des locataires que la commune avait précédemment installés. Le contentieux avec l'Etat ne fut tranché qu'en 1877 au profit de ce dernier.

Entretemps, en 1839, le boulevard passant devant l'avant-port et une partie des murs avaient été démolis pour ouvrir une voie de liaison directe entre l'Enclos et la place Hamelin en passant par un pont tournant au-dessus du pertuis du Vieux Bassin. Un escalier en bois fut alors réalisé pour accéder à la terrasse supérieure.

La présence des Ponts et Chaussées qui ne réalisèrent que des travaux mineurs pour leurs locaux, permit d'attendre le revirement de l'opinion publique en faveur de ce curieux vestige du passé militaire de la ville, qualifié par l'historien Albert Sorel de « fantasque baraque ». Son classement au titre des Monuments Historiques fut obtenu en 1909.

Ce revirement de l'opinion est en partie lié à l'intérêt que la Lieutenance suscita auprès des peintres à partir de l'époque romantique. Ils en ont peu à peu fait une véritable icône picturale. Le nouvel attachement à l'édifice s'est d'abord manifesté auprès des membres de la société Le Vieux Honfleur qui en a demandé le classement.

De 1909 à 2014, des campagnes de restauration partielle ont été réalisées sur la toiture et les parements des murs d'enceinte. Le passage voûté fut rouvert en 1936 (il servait d'entrepôt pour la douane depuis 1899). La ville en est devenue propriétaire récemment. L'édifice est désormais libre de tout occupant. Une nouvelle campagne de restauration a été réalisée entre 2014 et 2017, exemplaire à tous points de vue. Respectueuse des cicatrices de son histoire, elle en rend lisible sa complexité. La Lieutenance devrait abriter à la fois un CIAP (Centre d'Interprétation de l'Architecture et du Patrimoine) de la ville et une résidence d'artistes.

L'église Saint-Etienne

Saint-Etienne est le patron spirituel de la plus ancienne église de Honfleur mais l'édifice qui porte son nom aujourd'hui n'est pas celui des origines.

C'est un acte par lequel Robert Bertran et Suzanne sa femme firent donation de l'église Saint-Etienne de Honfleur *Sancti Stephani de Hunnefloth* ou *Honneflue* qui atteste l'existence d'une église Saint-Etienne au milieu du XIe siècle.

Au XIe siècle le régime paroissial était donc bien constitué et il résulte du texte cité que l'église Saint-Etienne faisait partie du domaine de Bertrand de Roncheville et de Bricquebec. A cette époque Saint-Etienne s'élevait sur les bords des prairies marécageuses qui s'étendaient en largeur de la rue des buttes à la rue Foulerie, dans la vallée de la Claire.

Cette église fut détruite lors des sièges et pillages subis par la ville au début de la guerre de Cent Ans. Elle fut reconstruite à partir de 1369 sur un terrain de cent pieds de long et trente-six de large, donné par Charles V. Ce terrain était situé dans l'Enclos que le roi faisait fortifier à cette même époque, de telle sorte que l'église, comme ce lieu lui-même, fût à l'abri des attaques des ennemis. L'église fut achevée pendant l'occupation anglaise de la ville entre 1419 et 1450.

Caractéristiques de l'édifice

C'est une petite église de plan basilical dont les murs latéraux bâtis en grand appareil sont soutenus par des contreforts peu saillants. Les trois travées de la nef sont percées au midi de fenêtres à remplages* rayonnants, partagées en deux baies par un meneau* vertical. La dernière travée et le chevet, qui est à pans coupés,

Façade de l'église Saint-Etienne. SVH

Mur sud de la nef de l'église Saint-Etienne. SVH

Le sauvetage de l'église Saint-Etienne au début du XXᵉ siècle

La protection et la restauration de l'église ont été assurées au début du XXᵉ siècle par la jeune société d'Ethnographie et d'Art Populaire normand Le Vieux Honfleur. Elle se fit confier l'édifice par la commune après que celle-ci eut obtenu des douanes sa restitution, mettant fin à un siècle d'utilisation comme entrepôt. Le clocher abattu en 1808 fut relevé par la Société sur le plan de l'ancien. Cette restauration, respectueuse de son identité, fut réalisée grâce à des dons et au produit d'une loterie organisée à l'occasion des Fêtes normandes qui attirèrent beaucoup de monde à Honfleur. Elle est donc antérieure à son classement en 1932 comme monument historique.

Le peintre Léon Leclerc fut l'artisan de cette résurrection mise au service d'un projet patrimonial d'essence laïque : un lieu d'exposition des collections ethnographiques rassemblées sous son impulsion. Elle est devenue en 1976 un musée de la Marine et de l'histoire locale. Au début des années 1990, l'église a bénéficié d'une nouvelle campagne de restauration portant sur le soubassement des murs du chœur et du sud ainsi que des fenêtres.

Ces dernières sont garnies de vitraux réalisés au début du XXᵉ siècle par les ateliers Gaudin de Paris d'après des cartons du peintre Léon Leclerc : ils illustrent à la manière des images d'Epinal les grandes heures de l'histoire de Honfleur.

Les thématiques retenues traduisent la volonté d'inscrire l'histoire honfleuraise dans celle, plus large, de la construction de la nation française. Deux de ces vitraux ont pour sujet la guerre de Cent Ans à laquelle Honfleur doit son statut de place forte. Le troisième évoque le rôle de Honfleur dans la fondation de la Nouvelle France. Le quatrième, situé à gauche de la nef et de petite dimension, reproduit en couleur les armoiries des sept familles nobiliaires qui détinrent la principale seigneurie qui joua un rôle clé dans l'histoire de la ville.

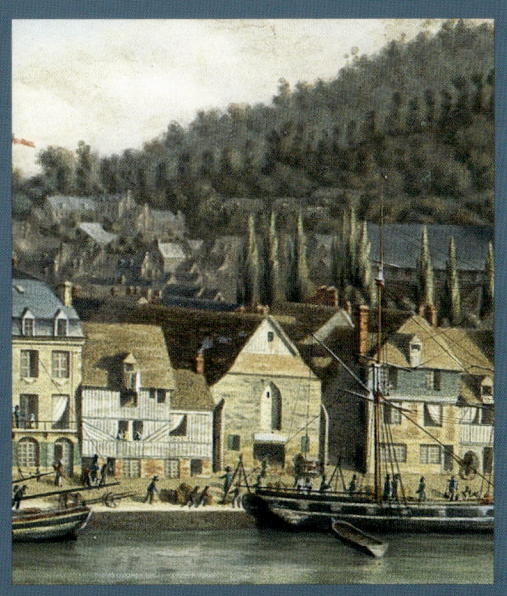

Anonyme, Le quai Saint-Etienne, *début XIXᵉ siècle. Musées du Vieux Honfleur, Honfleur. Photo. H. Brauner*

Le vitrail du chevet qui célèbre le rôle de Honfleur dans la colonisation de la Nouvelle-France : le registre inférieur représente le départ de Champlain et celui du dessus la fondation de Québec. SVH

offrent de larges baies en arcs brisés surbaissés à l'intrados* finement mouluré. La façade occidentale, flanquée de contreforts sur les angles, est percée d'une grande fenêtre haute en tiers point* et de petites baies géminées de part et d'autre du portail. Un petit porche à pans de bois y est adossé.

Cette façade est surmontée d'un clocher en bois essenté de châtaignier, d'une forme fréquente en Normandie, terminé par une flèche. La nef et le chœur sont couverts d'une charpente lambrissée soutenue par des poinçons* et des entraits* et enjolivée de petits rinceaux* peints en noir. Ces ornements tracés sur le merrain ont été conservés dans toute la longueur de la voûte.

Cette église joua un rôle majeur dans la vie de la cité en dépit de la modestie de ses dimensions : le gouverneur y avait son banc et les capitaines de navires au retour d'expéditions venaient y offrir le pain bénit.

Les métamorphoses du musée de Léon Leclerc

L'église Saint-Etienne a été mise à la disposition de la société Le Vieux Honfleur en 1899. Elle entreprit aussitôt la restauration de l'édifice grâce aux dons et aux bénéfices des manifestations culturelles qu'elle organisa dans ce but. Le clocher et la tribune ont été reconstruits, la voûte lambrissée et les murs nettoyés. Un programme a été défini par Léon Leclerc et l'historien Charles Bréard pour regarnir les fenêtres de vitraux historiés. L'ancien maître-autel et le retable baroque de l'église Sainte-Catherine ont été installés dans le chœur (photo n° 2). Sont également regroupées les torchères des anciennes confréries de charité. L'église servit jusqu'en 1976 de lieu d'exposition pour diverses parties des collections historiques et artistiques de l'association ainsi que de salle de conférence ou d'exposition temporaire comme le montre le dessin n° 1.

Grâce au travail remarquable du conservateur de l'association, Pierre Orange, qui a regroupé dans l'église toutes les collections liées à la vie maritime de Honfleur, celle-ci a été transformée en musée d'Histoire et d'Ethnographie maritime en 1976. Le musée a été rénové et réorganisé en 2002 sous la direction de la nouvelle conservatrice Anne-Marie Bergeret avec le concours de l'historien Pascal Lelièvre. La nouvelle présentation du musée respecte la conception d'ensemble de son fondateur (photos 3 et 4) mais l'ordonne en un parcours de découverte thématique.

Le musée a été géré par l'association jusqu'en janvier 2004. A partir de cette date, il a été inté-

Musée de la Marine. Les vues 1 et 3, prises avant 1976 montrent une nef vide, pouvant ainsi accueillir conférences et expositions temporaires. Son centre est aujourd'hui occupé par des vitrines, chacune étant consacrée à un thème particulier. Celles abritant les grandes maquettes de bateaux sont situées le long du mur nord. Musée de la Marine, Honfleur. Photo Illustria

1. Dessin de Léon Leclerc. SVH

2. Eglise Saint-Etienne. Les deux vues intérieures 2 et 4 montrent clairement l'évolution de l'aménagement intérieur de l'église. Faute d'avoir été entretenu et de pouvoir être restauré, le retable a été retiré. Au pied du chevet ont été rassemblés des objets ayant trait à la pêche et à la construction navale. SVH

gré au sein du réseau des musées municipaux dans le cadre d'une convention signée entre la ville de Honfleur et l'association qui conserve ses droits de propriété sur les collections.

De la place d'Armes à la place de la Mairie

Le tableau 1 permet de découvrir la place d'Armes et l'ancien Hôtel du Gouverneur au début du XIXe siècle. Chronologiquement, cette œuvre dont l'auteur est inconnu, a pu être réalisée entre 1808, année de la démolition de la tour Carrée, et 1832, année de la construction du nouvel Hôtel de Ville qui remodela entièrement l'aspect du front de mer à l'est du Vieux Bassin. Le peintre a représenté aussi au second plan la jetée de transit qui fermait à l'est l'avant-port ; elle faisait le pendant de la jetée du milieu masquée sur le tableau par la Lieutenance. Un ensemble de constructions prolongeait l'Hôtel du Gouverneur jusqu'à la tour aux Poudres, protégé du côté de l'avant-port par un long mur comme le montre la gravure 2 du début du XIXe siècle.

La place d'Armes avait, comme son nom l'indique, d'abord une fonction militaire : c'était le lieu où venait s'entraîner la milice urbaine au maniement des armes pour être en mesure d'assurer la défense de la ville en cas d'attaque car, sauf pendant la guerre de Cent Ans ou immédiatement après, il n'y eut pas de garnison permanente à Honfleur. C'était aussi le lieu des « montres » qui permettaient de vérifier le nombre des hommes et les armes dont ils disposaient (que ce fussent les militaires lorsqu'ils étaient présents ou la milice). La place d'Armes

---

■ L'Hôtel du Gouverneur était un édifice de médiocre facture dont la façade principale, à l'ouest, faisait face à la tour Carrée (1) et dont le pignon nord se situait à l'aplomb du mur de quai (2). Le pignon sud du côté de la place d'Armes ressemblait peut-être à celui dessiné sur l'aquarelle (3). La façade est s'ouvrait sur « une basse cour » entourée de bâtiments de services divers dont les écuries, et à son extrémité la halle à blé et la grande boucherie dont l'étage servit de cour de justice. Face à l'avant-port, elle était protégée par un mur d'enceinte toujours présent au début du XIXe siècle mais délabré comme la gravure de Bichebois (2) le laisse entrevoir. ■

1. Anonyme, Honfleur, l'entrée du port et du Vieux Bassin avec l'ancien pont à chèvres, fin XVIIIe siècle.
Musées du Vieux Honfleur, Honfleur. Photo musée du Vieux Honfleur

2. Gravure aquarellée de Bichebois, début du XIXᵉ siècle. Collection particulière

3. Armand de Ville d'Avray, L'autel de la patrie. © Honfleur, musée du Vieux Honfleur

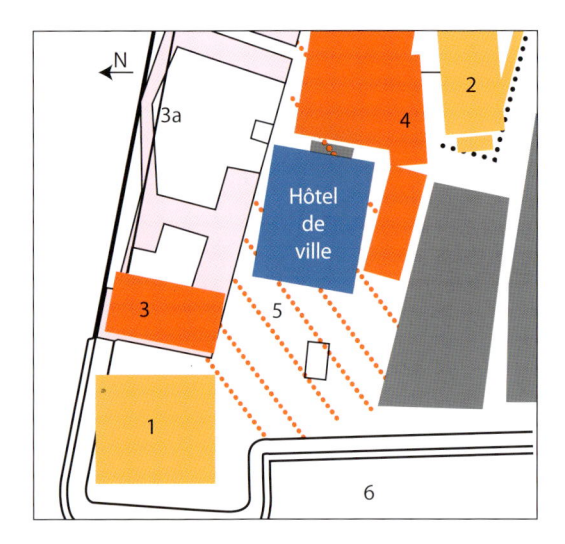

Situation de l'Hôtel de Ville par rapport à la place d'Armes. SVH
1. Tour Carrée (construite en 1380, démolie en 1808).
2. L'église Notre-Dame (XIIe siècle, démolie en 1808).
3. L'Hôtel du Gouverneur (Hôtel de Ville de 1786 à 1832)
3a. Les dépendances.
4. Le logis Brucourt (Hôtel de Ville de 1670 à 1786).
5. Place d'Armes.
6. Le Vieux Bassin.

au début de la Révolution fut le théâtre des grandes manifestations civiques : c'était en son milieu que l'autel de la patrie avait été dressé. Autour de lui se réunissait le corps civique pour les cérémonies comme celle qui eut lieu en l'honneur de Mirabeau en 1791. L'aquarelle 3 de la page précédente nous présente l'état de la place à ce moment particulier de son histoire ; elle a aussi le mérite de nous montrer comment cette place était fermée du côté de l'avant-port jusqu'au début du XIXe siècle.

L'Hôtel de Ville

L'Hôtel de Ville a été construit en 1832 à l'est de l'ancienne place d'Armes. Sa construction a été précédée par la démolition du logis Brucourt (4), de l'ancien Hôtel du Gouverneur (3) et de ses dépendances (3a), deux édifices qui avaient servi tour à tour, aux XVIIe et XVIIIe siècles, d'Hôtel de Ville. Ces démolitions achevèrent la restructuration du cœur politique et religieux de la ville, la tour Carrée et l'église Notre-Dame ayant disparu quelques années auparavant.

Le conseil municipal à travers ces différentes décisions, avait marqué sa volonté de rupture avec ce passé militaire qui avait placé le corps de ville en permanence sous la dépendance du gouverneur, de nomination royale, jusqu'à la Révolution. C'était aussi la traduction des changements politiques et administratifs provoqués par la Révolution Française, qui donnaient aux communes une plus grande autonomie dans leur gestion, même si on est encore loin de celle dont elles bénéficient aujourd'hui (le maire est nommé par le gouvernement jusqu'en 1884).

Par ses dimensions et sa situation, l'édifice qui fut réalisé sur l'ancienne place d'Armes autour de laquelle on avait fait le vide, affirmait les prétentions des édiles à présider seuls aux destinées de leur ville et à tourner celle-ci vers la vie maritime, en pleine reconversion à cette date.

L'édifice, austère mais élégant, construit sur un soubassement d'environ 1 m, est représentatif du mode mineur néoclassique, une variante épurée du pittoresque inspiré des villas italiennes. Il est issu des modèles et des principes proposés par Jean-Nicolas-Louis Durand dans son *Précis des leçons d'architecture* de 1819 pour les mairies et est conforme aux réalisations du premier tiers du XIXe siècle marquées par l'influence du conseil des bâtiments civils peuplés de lauréats du prix de Rome : volume cubique, symétrie parfaite des façades animées par des baies et portes cintrées entourées de discrètes archivoltes, organisées en travées, ainsi que par un bandeau mouluré pour séparer les deux niveaux de l'élévation.

C'est le résultat d'un remaniement par Pierre-François-Louis Fontaine des plans établis par un cabinet d'architecture local, Hagron père et fils, afin qu'ils puissent obtenir le visa du conseil des bâtiments civils présidé par Percier. L'élévation à deux niveaux met en évidence la distribution des fonctions en distinguant les linteaux droits des fenêtres de bureaux, de ceux des autres espaces centraux en plein cintre (vestibule, salle du conseil municipal…). Un grand escalier droit monumental, partant du vestibule, permet d'accéder à la galerie à colonnade de l'étage, bordée d'une lourde balustrade le long

L'Hôtel de Ville. SVH

de la cage d'escalier, qui dessert les salles destinées à tous les actes solennels et publics de la vie municipale. Au rez-de-chaussée, deux couloirs de part et d'autre de l'escalier, permettent d'accéder aux bureaux de l'état-civil, du greffe du tribunal mais aussi, au début, de la Caisse d'Epargne, de la chambre de commerce fondée en 1848 et de la police municipale.) Pas de toiture en terrasse sur l'ensemble du bâtiment mais seulement une petite terrasse encaissée dans des combles à doubles égouts établis sur les quatre faces du bâtiment et éclairés par de petites lucarnes à ailerons.

S'y installa sous le Second Empire le musée des Beaux-arts municipal aux côtés des archives et de la bibliothèque. Celle-ci a investi en 1884 le comble central qui remplaça la petite terrasse peu adaptée au climat normand.

L'escalier de l'Hôtel de Ville. SVH

L'Enclos

Une place forte royale

La construction de l'Enclos fut une conséquence de la réévaluation de la stratégie royale au lendemain des défaites subies successivement par Philippe VI le Valois et Jean le Bon face au roi d'Angleterre au début de la guerre de Cent Ans. La mise en défense du royaume imposant la sécurisation de la Seine, Charles V, à cet effet, renforça le triangle défensif Honfleur-Harfleur-Rouen. Il plaça en outre un personnage-clé dans chacun des trois ports. A Honfleur, il installa à la capitainerie du port l'amiral de France Jean de Vienne, faisant de facto, de Honfleur, le siège de l'amirauté. A Harfleur, il plaça le vice-amiral. A Rouen, il installa sur la rive gauche, l'arsenal royal, le Clos des Galées, sous le contrôle d'un maître. L'amiral, grand officier, détenait des pouvoirs considérables en mer, dans les ports et sur tout le littoral. Il commandait la marine de guerre et la marine marchande. Ses officiers liquidaient les prises et butins de guerre dont le dixième revenait à l'Etat pour le fonctionnement de l'amirauté et l'entretien de la marine royale. Pour équiper son pays d'une flotte performante, le roi fit appel aux Génois, spécialistes de la guerre maritime, experts en artillerie mais aussi en logistique et construction navale. Ils fréquentèrent les trois arsenaux normands et transmirent leur savoir-faire qui fit ensuite la réputation des marins et des charpentiers honfleurais.

Les travaux de fortification de Honfleur furent confiés à l'aumônier du roi, Sylvestre de la Servelle. Le remaniement de l'Enclos et la construction de son enceinte nécessitèrent la démolition de plusieurs édifices et furent financés par les caisses royales. A la fin des travaux, le roi a soustrait au domaine seigneurial des Roncheville, les terrains et les édifices des fortifications qu'il fit entrer dans le domaine royal. L'Enclos, bassin compris, couvre 3,25 hectares. Du côté de la terre, les fortifications, doublées d'un large fossé alimenté par les eaux de la Claire et la mer, à marée haute, étaient vraisemblablement en bois et en terre. Sur le front de mer, la fortification en pierre

Cette vue aérienne du centre historique de Honfleur montre la pérennité des structures spatiales anciennes dans le paysage urbain. L'ancien Enclos est aujourd'hui ceinturé par une sorte de boulevard périphérique occupant les anciens fossés au sud, les remparts au nord. Sont aisément repérables les deux grands toits des greniers à sel, la mairie, l'église Saint-Etienne. A la fin des années 1980 : le terrain au premier plan destiné à la construction du cinéma Henri Jeanson et des archives municipales venait d'être dégagé après la démolition du garage de la place Thiers qui a migré vers la nouvelle zone de services du cours Jean de Vienne. SVH

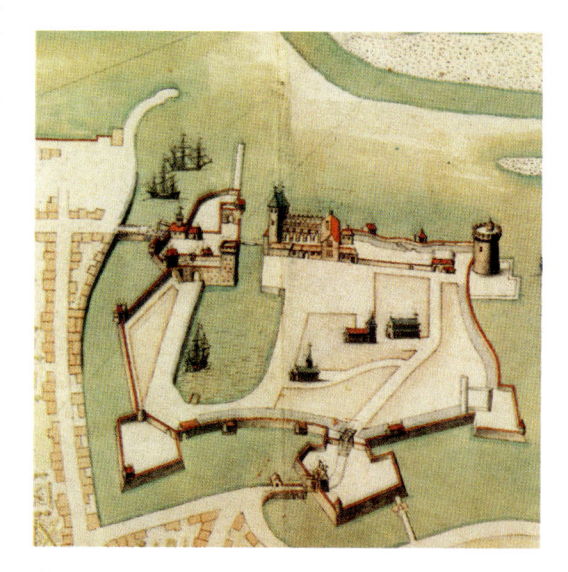

Cette carte provenant des archives de la Marine, datant du XVIIe siècle, offre une vue plus expressive que celle de Boissaye du Bocage, des fortifications de l'Enclos et des principaux édifices qui y sont bâtis. Les dessins de ces édifices ont une valeur symbolique et ne représentent pas exactement leur forme : on peut identifier malgré tout l'église Saint-Etienne, le manoir de Roncheville et l'église Notre-Dame. L'Hôtel du Gouverneur, à côté de la tour Carrée y a des allures de palais de la Renaissance, très éloignée de la réalité. AM

comportait une tour carrée de cinq étages dont la basse cour abritait les celliers, greniers, cuisines et logements du capitaine et de ses gens d'armes. Cette tour contrôlait l'entrée du bassin intérieur, barrée par deux chaînes fluviales accrochées, d'un côté, aux murs de la tour et, de l'autre, à ceux de la porte de Caen.
Une herse les remplaça en 1417. Sous Charles VI on ajouta une tour ronde dite « Frileuse ». Le bassin intérieur, entouré de quais, offrait ainsi un abri sûr aux navires.
L'Enclos avait été conçu pour soutenir un siège. Il était équipé de halles de stockage et d'un grenier pour entreposer le sel, indispensable à la conservation des viandes. Le moulin à blé des seigneurs de Roncheville avait été déplacé dans l'Enclos, probablement au fond du bassin. Si une partie des gens d'armes était installée dans la tour et dans l'enceinte du manoir seigneurial, d'autres étaient logés dans des maisons particulières, chez l'habitant. Il existait alors deux lieux de culte dans l'Enclos : l'église Notre-Dame (démolie au XIXe siècle) et l'église Saint-Etienne qui était initialement située hors les murs. Détruite sous l'occupation anglo-navarraise, elle avait été reconstruite à l'abri des murs, sur un terrain offert par le roi et acheté lors de sa visite du chantier en 1369. En dehors de l'Enclos, l'église Saint-Léonard, et l'église Sainte-Catherine, attestée en 1458.

De la reconquête du XVe siècle, à la fin du XVIe siècle les fortifications de la ville furent remaniées pour tenir compte des progrès de l'artillerie. Les plus importants travaux qui donnèrent à l'enceinte les caractéristiques décrites par le plan de Boissaye du Bocage dressé en 1664, eurent lieu entre la fin du XVe et du XVIe siècle.
En 1497, Charles VIII octroya une subvention pour reconstruire en « pierre de forte muraille » l'enceinte, ses boulevards, le havre et les jetées.

Plan de Boissaye du Bocage, 1664. MM

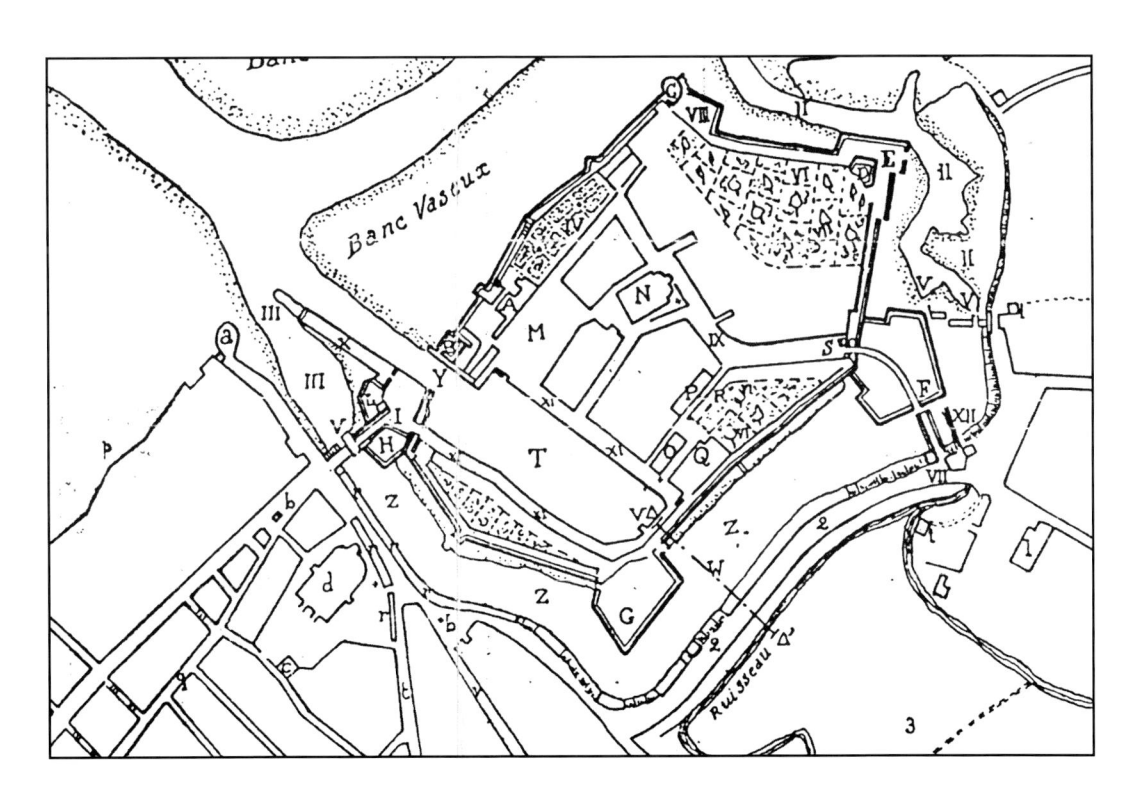

Louis XII renouvela les aides. Les travaux furent dirigés par Louis Mallet de Graville, amiral de France et gouverneur de Honfleur. Le tracé bastionné des fortifications au sud et à l'est de l'Enclos correspond à ces campagnes de construction. Des améliorations furent apportées dans les années 1581-1583, sous le gouvernement de Jacques de Mouy, vice-amiral de France, notamment la construction d'une barre en arrière du pont-levis de la porte de Caen pour maintenir en eau les fossés à marée basse. Après la reprise de la ville aux forces ligueuses en 1598, l'administration royale supprima Honfleur de ses places régulièrement entretenues, laissant cette charge au seul corps de ville. En dehors de la porte de Caen, peu de modifications sont à noter. On se contenta de réparations sommaires, en particulier au moment des guerres civiles qui menacèrent à Honfleur lors des crises de minorité royale. A la suite de diverses expertises réalisées à l'instigation de Richelieu puis de Colbert à la fin des années 1660, la décision de moderniser et d'agrandir le port conduisit à la démolition d'une grande partie des remparts.

De l'église Notre-Dame à la place Arthur Boudin

La petite place située au cœur de l'Enclos qui porte le nom d'un notable de la fin du XIXe siècle (principal du collège municipal) occupe pour l'essentiel l'emplacement de l'église Notre-Dame démolie à l'initiative de la commune en 1812. Ainsi disparut la plus vieille église de Honfleur. Aucun document iconographique contemporain de l'édifice, ne permet de se représenter avec exactitude la silhouette. Un petit cimetière flanquait ses murs au sud et elle était longée de petites ruelles (celle au sud porte le nom de rue Saint-Antoine). Une placette devant le porche de l'église les réunissait. En dépit de leur exiguïté, ces ruelles étaient très fréquentées du XVe au XVIIIe siècle car elles desservaient l'église Notre-Dame, siège de la cure dont dépendait Saint-Léonard, le logis Brucourt, siège pendant de nombreuses années du corps de ville (de 1682 à 1775) et le manoir de Roncheville, logis du gouverneur après la guerre de Cent Ans puis logis d'armateur. Elles étaient

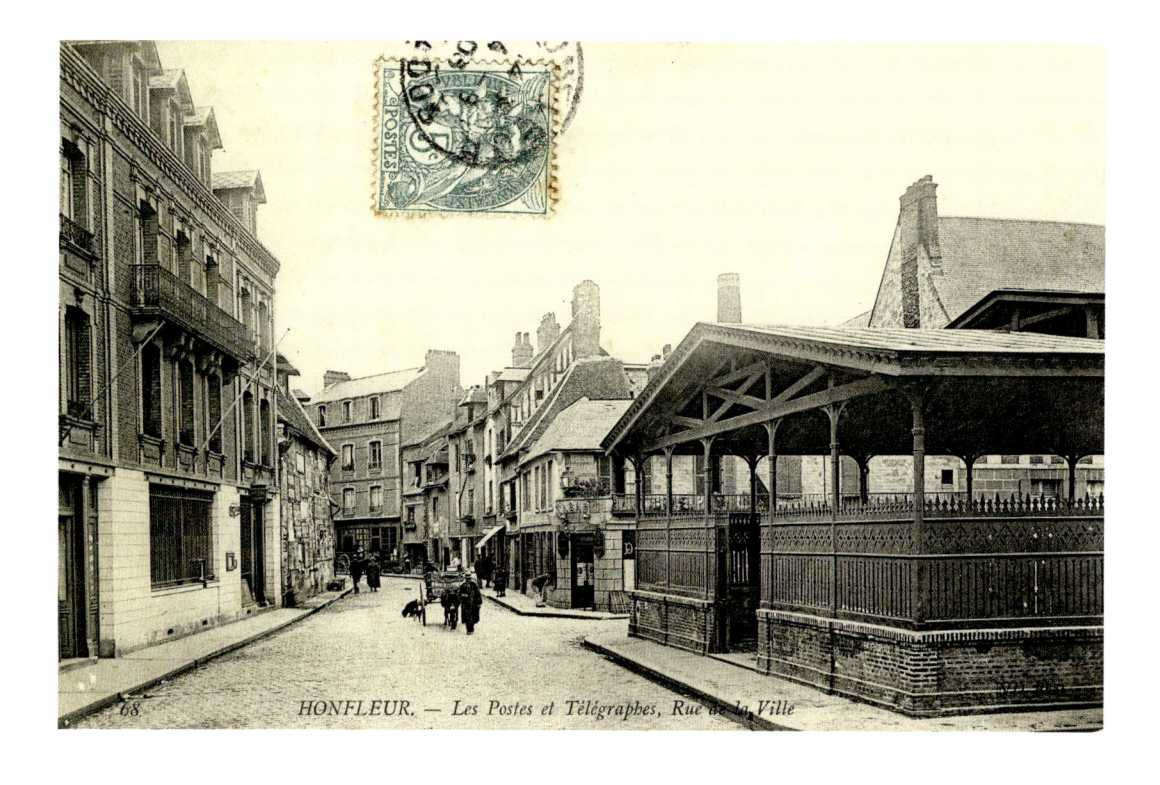

HONFLEUR. — Les Postes et Télégraphes, Rue de la Ville

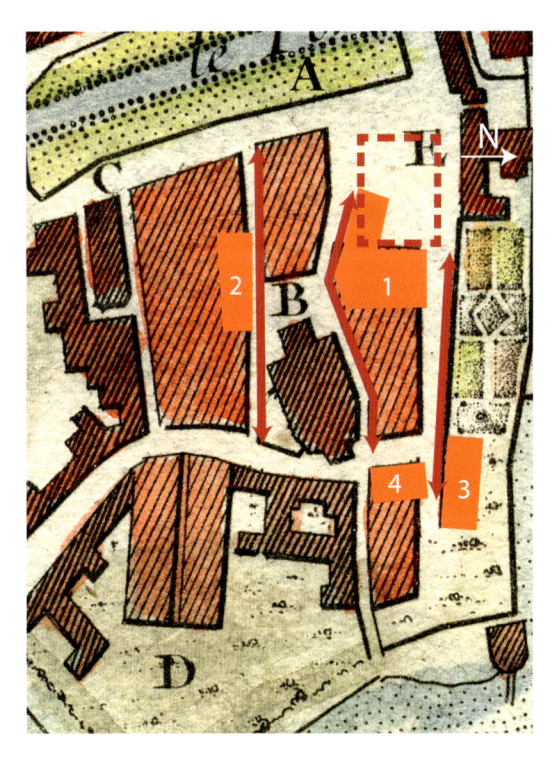

Détail de plan XVIIᵉ. L'église Notre-Dame et ses abords. MM
┌ ┐ Emplacement de l'actuelle mairie
└ ┘

A   Havre du dedans
E   Place d'Armes
B   Placette devant le porche de l'église Notre-Dame
1   Logis Brucourt et autres bâtiments
2   Manoir de Roncheville
3   Halle à blé
4   Presbytère de l'église Notre-Dame
⟷   Ruelles assurant la liaison entre le havre du dedans (futur Vieux Bassin) et la rue de la Ville

La place Arthur Boudin au cœur de l'Enclos. SVH

L'ancien presbytère Notre-Dame. SVH

Page de gauche :
Arrivée sur la place à partir du quai de la Quarantaine.
A droite, on peut voir la criée à poissons.
Musée Eugène Boudin, Honfleur

aussi le lieu de passage entre la place d'Armes et la rue de la Ville sur laquelle s'ouvrirent à partir de la fin du XVIIe siècle trois grands greniers à sel. A proximité, se situaient la halle à blé et la grande boucherie (à l'extrémité de la basse cour de l'Hôtel du Gouverneur, le long de la rue de la Halle).

Après la démolition de l'église Notre-Dame, la ville fit construire à son emplacement une nouvelle halle pour le blé, la viande et le poisson. Une autre construction entièrement métallique la remplaça sous le Second Empire à partir de 1858 : la halle à poissons (cf. page 52). Elle devint le pôle d'activité majeur de l'Enclos même si son fonctionnement fut toujours difficile en raison de la propension des pêcheurs à la vente directe sur le quai de la Quarantaine. Elle a été définitivement fermée et démolie en 1949.

Le manoir de Roncheville

Le manoir de Roncheville est un édifice emblématique de Honfleur, tant par son histoire que par ses caractéristiques architecturales.
Il a été construit pour Louis de Bourbon, amiral de France, nommé gouverneur de Honfleur par Louis XI en 1470 et qui le resta jusqu'à sa mort en 1486.

La façade principale du manoir de Roncheville. SVH

Façade de la cour intérieur du manoir de Roncheville. SVH

Porte du manoir de Roncheville. SVH

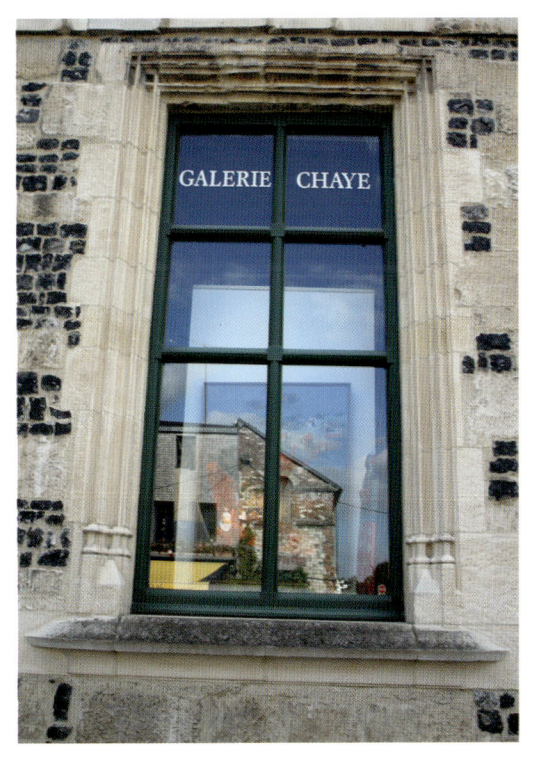

Fenêtre du manoir de Roncheville. SVH

Protection et restauration

Le manoir est une propriété privée. Il a été restauré au début des années 1980 par les soins de son propriétaire avec l'aide de subventions publiques au titre des monuments historiques. Il abrite une galerie d'art, la Galerie Chaye. La cour manoriale est ouverte pendant la journée, permettant la communication entre la place Arthur Boudin, la rue des Petites-Boucheries et la rue de la Prison.

La nomination de ce grand personnage de « l'État royal » à Honfleur témoigne de l'importance militaire que revêtait la ville au lendemain de la guerre de Cent Ans (qui ne se termina véritablement qu'en 1475 par le traité de Picquigny) et de son nouveau statut après la construction des remparts commencé sous le règne de Charles V, un siècle plus tôt. Sa construction s'est faite sur un tènement de la seigneurie de Roncheville, en remplacement d'un autre manoir beaucoup plus ancien, ayant appartenu au baron et qui avait encore été occupé par les deux premiers gouverneurs après la libération de la ville : Robert de Floques (de 1450 à 1461) et Jean de Montauban (de 1461 à 1470).

Le manoir devint maison d'armateur au XVIe siècle et fut transformé en vue des besoins de cette profession, symbolisant ainsi le passage de « l'âge militaire » à « l'âge maritime » de Honfleur (F. Toublet).

L'architecture reflète ainsi l'évolution des fonctions de l'édifice et celle de l'art de bâtir à la jonction du Moyen Age et de l'Epoque Moderne. Le rez-de-chaussée est caractéristique du style des constructions urbaines, bourgeoise ou nobiliaire de part et d'autre de l'estuaire de la Seine, à usage domestique à la fin du XVe siècle : appareillage de pierres calcaires et silex noirs disposés en damier (venant des falaises du pays de Caux, servant de lest pour les navires fort nombreux qui faisaient la liaison entre les deux rives de la Seine), modénature des fenêtres à meneaux et de la porte comme au manoir du Désert. Le XVIe siècle et le XVIIe se signalent par les travées des deux degrés de la façade donnant sur la place (mais aussi par celles de la façade sur cour) et par l'appareillage mixte des murs de la façade du premier étage remplaçant une élévation en pans de bois, fait de briques roses, de pierres calcaires et de moellons de silex noir dans une composition rigoureuse et rythmée. Les lucarnes à deux pans débordants des combles traduisent la fonction de stockage des marchandises de ces derniers.

La rue de la Prison et la rue des Petites-Boucheries

La première, ruelle assurant la liaison entre le quai Saint-Etienne et la rue de la Ville par son prolongement de la rue des Petites-Boucheries, longe le mur sud de l'église Saint-Etienne. Côté

Détail de plan XVIIe. L'église Saint-Etienne. MM
1. La prison
2. Rue de la Prison
3. Maison du musée d'Ethnographie
4. Petite boucherie
5. Rue des Petites-Boucheries
6. Cour de la prison
7. Manoir Vigneron
····▶ Cour intérieure de Roncheville

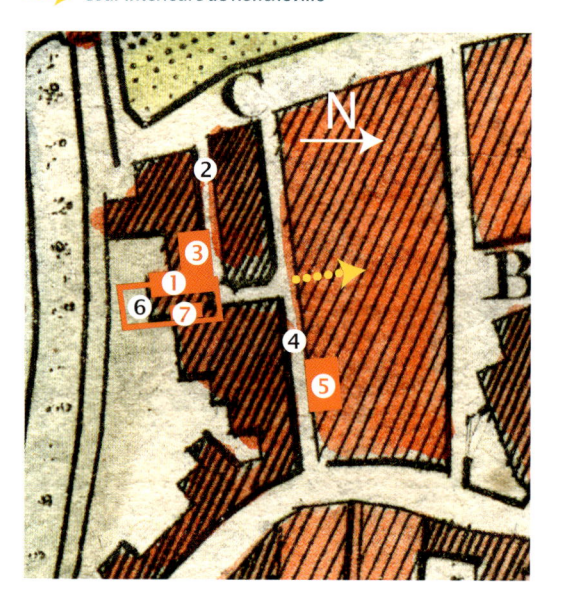

1. La maison de la prison et du geôlier. SVH

2. La rue de la Prison vue depuis le quai Saint-Etienne. SVH

3. La maison principale du musée d'Ethnographie. SVH

4. Rue des Petites-Boucheries. SVH

5. Boutique du Boucher. SVH

6. Cour de la prison. SVH

■ Cet ensemble de maisons anciennes a été pris en charge à partir de la fin du XIXe siècle par la Société Normande d'Ethnographie et d'Art Populaire « Le Vieux Honfleur » qui, grâce aux manifestations organisées par ses soins a pu réunir des moyens financiers suffisants pour racheter les différentes maisons du XVIe, faire procéder au remontage de la maison du manoir Vigneron dans la cour et aménager un musée destiné à abriter les collections d'ethnographie qu'elle constituait méthodiquement sous la direction de son secrétaire général, le peintre Léon Leclerc. La propriété des immeubles a été rapidement transférée à la commune, partenaire de cette œuvre au service de la sauvegarde de la mémoire honfleuraise et de son patrimoine.
L'entrée du musée se fait par le rez-de-chaussée qui était autrefois à usage de boutique. On y trouve aujourd'hui la pièce d'accueil et une pièce du musée, la boutique du mercier. ■

7. Façade du manoir Vigneron. SVH

sud, elle est bordée de maisons à pans de bois du XVIe siècle. Elle doit son nom à la présence de la prison vicomtale installée au rez-de-chaussée d'une maison en brique, silex et pierre calcaire dont l'étage servait de logement au geôlier. Sa façade (1) donne sur une petite cour intérieure (6), dite cour de la prison et fait face au manoir Vigneron, maison à pans de bois lexovienne du XVIe siècle (7) transplantée au début du XXe siècle à Honfleur. La belle maison à pans de bois en encorbellement qui abrite aujourd'hui le musée d'Ethnographie (3) se présente en retour d'équerre par rapport à la maison de la prison.

Passé le chevet de l'église Saint-Etienne, on pénètre dans la rue des Petites-Boucheries sur laquelle s'ouvraient six étals secondaires de bouchers. Un seul étal subsiste aujourd'hui (5). Cet ensemble d'immeubles dans un espace restreint desservi par une ruelle, est représentatif de l'imbrication du bâti et des fonctions dans les villes de l'époque moderne.

Un îlot en attente de réhabilitation : de la rue de la Prison au cours des Fossés

L'îlot de l'Enclos forme un quadrilatère compris entre le cours des Fossés, le quai Saint-Etienne, les rues de la Prison, des Petites-Boucheries et la rue de la Ville. En son centre un espace important à son échelle, jouxtant les musées du Vieux Honfleur, est en attente d'affectation : la cour Lequillerier. Lequillerier est le nom du propriétaire d'une ancienne cidrerie dont les bâtiments ont été détruits par la commune qui les avait rachetés dans le but d'agrandir les musées du Vieux Honfleur et de doter la ville d'un grand musée d'histoire maritime.

Commencés en 1994, les travaux ont été arrêtés en 1995 sur injonction des pouvoirs publics pour vice de procédure dans l'attribution du permis. Cette décision intervint juste après les élections municipales qui virent l'arrivée d'une nouvelle équipe ayant marqué ses distances visà-vis d'un projet considéré comme pharaonique et sans intérêt majeur pour l'avenir touristique de la ville. Le litige résolu, les travaux ne

Les particularités et les problématiques actuelles du musée d'Ethnographie

Dans une maison à pans de bois du XVIe siècle et une autre en pierre, silex et brique tout aussi ancienne, ont été reconstitués des intérieurs normands ou des ateliers d'artisans (imprimeurs, tisserands, tonneliers) du XVIIIe et début du XIXe siècles. Le grand intérêt du musée réside dans l'authenticité des scènes représentées (cadre bâti et mobilier). Il nous permet une véritable immersion sans artifice dans l'univers matériel des Honfleurais à la veille de la Révolution Industrielle. Mais ce musée n'est pas doté des structures d'accueil indispensables au fonctionnement d'un établissement moderne. Des possibilités d'adaptation existent reposant sur l'utilisation d'espaces voisins en marge de l'emprise du projet abandonné. La société Le Vieux Honfleur s'est fait le défenseur de ce nouveau projet auprès de la ville de Honfleur et peut apporter une partie des moyens nécessaires à sa réalisation.

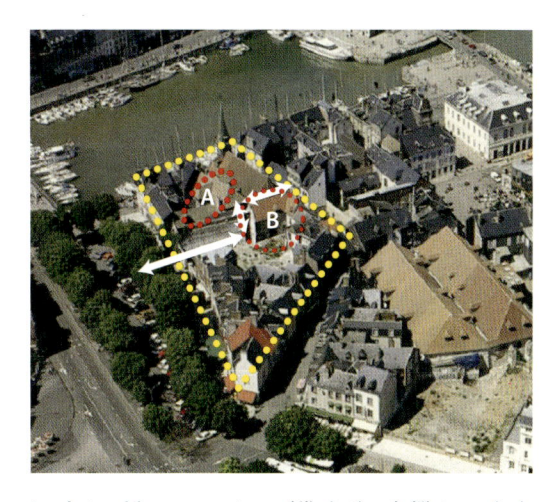

La photo aérienne permet une délimitation de l'îlot au sein du tissu urbain et de percevoir les enjeux de la réserve foncière dont dispose la commune pour assurer une liaison piétonnière (flèches blanches). En A se situe l'actuel musée d'Ethnographie ; en B, les immeubles et la cour dont Le Vieux Honfleur est propriétaire, qui permettraient de doter le musée des équipements dont il a besoin pour son développement. SVH

purent cependant pas reprendre, la principale entreprise ayant, entre temps, fait faillite. De cet épisode malheureux, il ne reste qu'un gros œuvre en béton, partiellement couvert.

La réhabilitation de l'îlot compris entre la rue de la Prison et les anciens fossés devra tenir compte de la nécessité d'améliorer la circulation des piétons dans cette partie du cœur historique : c'est pour cette raison que le règlement du secteur sauvegardé a établi une servitude de passage et une réserve foncière de 172 m² entre la rue de la Prison et le cours des Fossés pour permettre à la ville de réaliser une liaison piétonnière. Pour ce quartier situé en plein cœur de la ville ancienne et du secteur touristique, l'enjeu est important. S'il apparaît quasiment impossible dans le contexte économique et financier actuel de vouloir reprendre le projet de grand musée de l'histoire de la ville datant de 1995, il est néanmoins indispensable d'intégrer dans la réflexion préalable au rachat par un promoteur de l'espace Lequillerier (emplacement du musée qui avait été projeté) la problématique de la modernisation des conditions d'accueil dans le musée d'Ethnographie et d'Art populaire, musée ancien mais qui est un atout pour la ville du fait de l'intérêt qu'il suscite auprès d'un très large public. La société Le Vieux Honfleur, propriétaire des collections exposées, a proposé diverses solutions à la municipalité en cas de vente de cet espace.

Façade des greniers à sel de la ville. SVH

L'intérieur du grand grenier à sel. SVH

Les greniers à sel

Les greniers à sel sont des entrepôts construits au XVIIe siècle à l'initiative de la ferme générale des Gabelles. Ils étaient destinés à stocker le sel d'impôt provenant des marais de Saintonge et vendu dans une circonscription fiscale dont Honfleur était le centre ou redistribué vers d'autres entrepôts, en particulier ceux des greniers de la vallée de la Seine. Les terre-neuvas pouvaient y déposer leur surplus de sel à leur retour des bancs de Terre Neuve.

Trois greniers furent construits à la fin du XVIIe siècle en remplacement d'entrepôts trop petits : les deux premiers en un temps record en 1670-71, le troisième en 1699. En tout 10 000 t de sel

L'évolution de la fonction des greniers après la Révolution

Lorsque le système de la gabelle fut aboli par la Constituante, les bâtiments devinrent propriété de l'Etat. Les deux premiers magasins de sel restèrent à usage d'entrepôt pendant 150 ans, de même que le troisième jusqu'à sa destruction en 1892. De 1916, année du classement des deux greniers qui subsistaient, jusqu'au début des années 1970, ils ne bénéficièrent que de quelques travaux conservatoires.

Le grand grenier qui fut cédé par l'Etat à la ville dès 1806, fut aussitôt affecté à l'entreposage du sel pour les maisons de salaisons jusqu'en 1908. C'est paradoxalement au moment où la commune le vendit à la société Nobel en mai 1916, qu'elle entreprit de le faire classer comme monument historique, procédure qui aboutit en novembre de la même année. Les contraintes liées au classement – les Beaux-arts refusèrent le percement d'ouvertures sur la façade – conduisirent la société Nobel à le revendre à la ville en 1953.

Le petit grenier ne fut restitué à la ville qu'en 1863 (il était jusqu'alors affecté au ministère de la Guerre). La société Goulley-Dubourg qui s'en était d'abord portée acquéreur, le revendit ensuite par lots à différents entrepositaires. La commune le racheta également en 1952.

Ce n'est qu'en 1972 que la ville entreprit de les mettre en valeur obtenant des subventions pour leur restauration au titre des monuments historiques afin qu'ils devinssent des « établissements d'enseignement de sciences et d'art ». La toiture fut alors refaite en tuiles de Bavent, le dallage en terre cuite ; les murs furent nettoyés par sablage ; s'y ajoutèrent des reprises de maçonnerie et de charpente.

Depuis 1976, ils accueillent des manifestations culturelles comme l'exposition des artistes honfleurais qui, vingt ans durant, a présenté les œuvres des peintres honfleurais pendant la période estivale ; mais aussi des concerts, des conférences, des festivals comme celui du cinéma russe depuis 1996 qui se déroule sur la troisième semaine du mois de novembre.

Façade des greniers à sel dans les années 1930. MII

---

pouvaient y être entreposés. Le troisième grenier a été détruit par un grand incendie en 1892 alors qu'il abritait une manufacture de ouate (remplacé par un immeuble en brique qui a accueilli successivement la poste, la perception, un office de tourisme et le siège de la communauté de communes de 2001 à 2014. Un hôtel est actuellement en cours d'aménagement.

Leurs dimensions (environ 40 m de long sur 10 de large), la qualité de leur architecture, en particulier de leur charpente, mais aussi les pierres de parement provenant des remparts, en font des exemples rares, en France, de bâtiments de cette importance à vocation fiscale datant de la période moderne. Ils témoignent de la montée en puissance sous le règne de Louis XIV des fermiers dans le système financier de l'Etat royal.

La puissante charpente en châtaignier avec des entraits retroussés qui dégagent les volumes intérieurs, est de type « cruck » : les jambes de force reliées aux entraits par des liens courbes, reportent une part du poids de la charpente sur des sabots à enfourchement fixés aux deux tiers de hauteur des murs latéraux. Ils doublent ainsi les arbalétriers* sur leur partie inférieure. Ce procédé évitait d'assembler toute la ferme en une seule fois. On retrouve des exemples similaires dans tout l'ancien domaine anglo-normand à partir du XVe siècle.

La gabelle et le grenier à sel de Honfleur

Lorsque Philippe VI instaura la gabelle en 1342, il créa en même temps un réseau de greniers à sel pour lever cet impôt. Honfleur et Caen furent les deux premières villes normandes au sud de la Seine qui en ont été dotées. Leur existence est attestée dès 1366. En 1472, le grenier de Honfleur était l'un des 22 établissements reconnus. Il faisait toujours partie des 24 recensés en 1594. Lorsque les greniers furent regroupés en généralités, appelées ensuite direction, le grenier de Honfleur fut intégré dans la généralité de Rouen.

Le grenier désignait à la fois le magasin de stockage du sel destiné à l'impôt mais aussi toute l'administration qui s'en occupait ainsi que le ressort de distribution et de juridiction. Il correspondait pour Honfleur au XVIIe siècle à un ensemble de 46 paroisses (ou collectes) situées de Villers jusqu'à la Risle.

Les paroisses du grenier de Honfleur étaient soumises, depuis l'arrêt du conseil d'Etat du 16 septembre 1603, au sel d'impôt* par vente volontaire. Elles pouvaient aussi acheter, en plus du sel d'impôt, pour « le pot et la salière » ainsi que les menues salaisons, du sel blanc provenant des salines de Touques ; seules quatre paroisses pouvaient en bénéficier également pour leurs grosses salaisons. Le prix de ce sel blanc soumis au régime du « quart-bouillon » représentait environ 55 % du prix normal (soit environ 30 livres le minot).

Bien sûr, à partir de cet arrêt, les édiles honfleurais ne cessèrent de réclamer des conditions plus avantageuses. D'abord pour leurs activités d'armement à la pêche, ce que l'ordonnance des gabelles de 1680 entérina puisque les armateurs reçurent le droit, comme ceux du Havre et Dieppe, d'aller ou d'envoyer directement chercher aux marais de Brouage le sel nécessaire à la salaison des morues (payé au prix du marché) ; mais ce droit ne s'étendait pas à leur consommation personnelle contrairement aux Havrais qui pouvaient y prendre aussi leur sel de provision pour deux ans.

Pendant tout le XVIIIe siècle ils demandèrent pour tous les habitants le sel de franchise (4 livres le minot !)* d'autant que celui-ci avait été accordé dès 1711 aux Havrais et Dieppois. Ils ne l'obtinrent qu'en 1766 dans le cadre d'une négociation globale par l'intermédiaire de Jean-Baptiste Prémord, incluant le retour à l'exemption de la taille, en échange d'une contribution de 200 000 livres pour l'aménagement du bassin Neuf. Cet accord était avantageux autant pour les Honfleurais que pour le Roi qui avait refusé aux fermiers des gabelles de réduire le montant de l'adjudication de la perte de revenu représentée par ce nouveau privilège accordé aux Honfleurais (le prix du minot passe de 30 à 4 livres !) et qui faisait financer par les habitants de la ville les travaux portuaires.

Il est évident que la capacité des trois grands magasins de sel construits à la fin du XVIIe siècle rue de la Ville en remplacement des anciens plus petits, situés vraisemblablement rue Saint-Antoine, n'était pas seulement motivée par les nécessités de l'approvisionnement en sel d'impôt pour « le pot et la salière » (consommation courante des familles), menues et grosses salaisons des paroisses du ressort du grenier. La consommation de ces paroisses rurales et urbaines (Honfleur et Touques seulement), ne dépassait pas quelques centaines de muids par an en 1789. La capacité considérable de stockage qui avait été donnée aux trois entrepôts, environ 3 000 muids*, soit 10 000 t, représentant le 1/5e de la masse de sel vendue à la ferme générale des gabelles par les paludiers de Saintonge, s'expliquait avant tout par le rôle de centre de redistribution du port de Honfleur pour le sel d'impôt en direction des autres entrepôts des greniers situés de part et d'autre de la Seine et ce, jusqu'à Paris. Elle était aussi liée à la nécessité de pourvoir aux besoins des grosses salaisons, de poissons (pour le hareng notamment) ou de viandes (celles des particuliers, dites « gabelle extraordinaire » – en plus du sel d'impôt – ou celles des armateurs qui stockaient des viandes salées dans les cales des navires affrétés en vue du grand commerce ou de la grande pêche, activités particulièrement développées à Honfleur au XVIIe et XVIIIe siècle). Le sel alimentait ainsi un trafic de cabotage qui créait dans le port à la fin de l'Ancien Régime un mouvement entre la Saintonge et Honfleur d'une part, Honfleur et les ports de la Seine d'autre part. 200 allèges remontaient et descendaient annuellement la Seine sous la conduite des pilotes lamaneurs. Le sel était aussi redistribué vers les paroisses du ressort des greniers de Lisieux et de Pont-Audemer (par la Touques et la Risle).

Incontestablement, le grenier à sel et ses trois magasins constituaient au XVIIIe siècle une source d'activité importante pour le port, et donc de travail. En plus « des cadres », composés pour une part d'officiers du roi (président, grenetier, contrôleur, procureur du roi et greffier) et de cadres de la ferme (receveur, commis à la descente du sel) l'adjudicataire du grenier employait une foule de petits employés et d'hommes de peine (magasiniers, manouvriers, remueurs, briseurs, voituriers) pour le stockage et déstockage du sel, sans compter tous les marins employés sur les allèges. Même si le rendement de cet impôt était au total aussi faible pour le Roi qu'était grande son impopularité, il était pour le port de Honfleur une source de prospérité que sa disparition fit rudement ressentir aux habitants. Les électeurs du petit bailliage de Honfleur ne l'avaient pas mesuré en réclamant unanimement dans les cahiers de doléances la suppression de cet impôt décrié en raison des abus innombrables qu'il entraînait et du sentiment d'injustice qu'il générait dans les campagnes.

De nombreuses incertitudes demeurent cependant quant au fonctionnement des trois entrepôts, aux volumes exacts qui transitaient, faute d'une étude complète qui ait été consacrée à l'administration du grenier de Honfleur (explicable en partie par les lacunes des fonds d'archives des départements du Calvados et de la Seine-Maritime le concernant).

On sait cependant que les relations entre les armateurs pour la pêche à la morue et l'administration des gabelles n'étaient pas bonnes. En effet, les capitaines qui ne prenaient pas leur sel dans les greniers mais directement dans les ports de Saintonge avant de gagner les bancs de Terre-Neuve, avaient obligation au retour de déposer leur surplus de sel dans les magasins de la gabelle (pour éviter la tentation du faux-saunage). Il leur était si difficile et si coûteux en taxes diverses de le reprendre au moment de l'expédition suivante qu'ils préféraient souvent le rejeter à la mer avant de rentrer au port !

Après deux ans de séjour au grenier, le sel est remesuré au minot puis versé en sacs sous le contrôle des officiers du Roi. Musée des Douanes de Bordeaux

Le faubourg Saint-Léonard

La porte de Rouen

A la jonction de la rue Notre-Dame, de la rue Tanneresse et du chemin qui longe la contrescarpe, face aux fossés, devant la porte de Rouen, s'étendait une petite place, celle du carrefour Notre-Dame (2). C'est là que se tenait l'un des deux marchés de la ville dont les étals s'étendaient en direction de la place Saint-Léonard. A partir du milieu du XVIIIe siècle, cet espace subit de profonds remaniements. Des maisons sont construites le long des berges du fossé rédui-

■ *Les fossés qui ceinturaient l'Enclos, remplis par les eaux de la Claire formaient une grande mare d'eau stagnante utilisée de temps à autre pour faire des chasses de peu d'efficacité dans les deux bassins (Vieux Bassin et bassin du Centre).*
Au milieu des années 1860, la municipalité décida de les faire combler (ci-dessous) pour aménager des squares et une artère de circulation reliant la rue de la République à la nouvelle rue de la Gare en passant le long des quais du bassin Neuf, comme le montre l'extrait de plan ci-dessous. ■

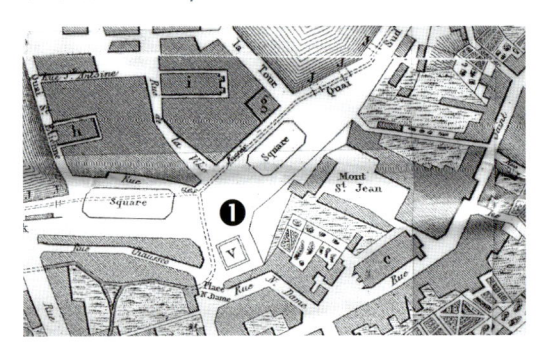

Plan des années 1860. Le résultat des travaux de comblement. AM

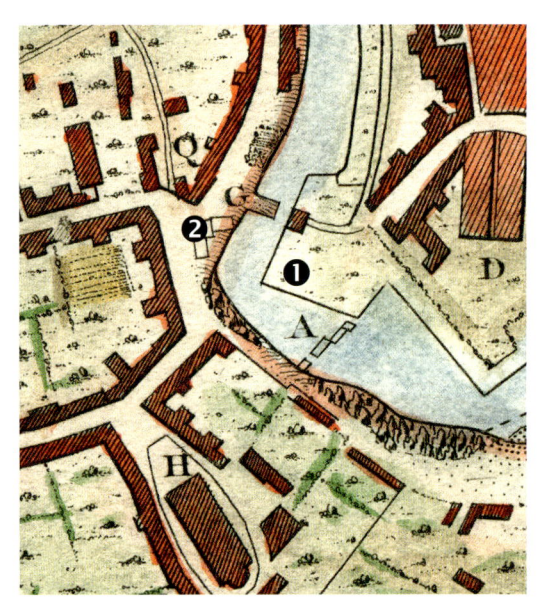

Plan du XVIIe siècle, extrait Porte de Rouen. MM

Les travaux de comblement des fossés. Musée Eugène Boudin, Honfleur

sant la place à un simple carrefour avec une ouverture sur les fossés qu'enjambe encore un pont en bois.

A la fin du XIXe siècle, la place se situait sur les anciens fossés devant l'entrée de la rue de la Ville (l'ancien bastion Saint-Léonard (1) avait été démoli au début du XVIIIe siècle)..

Pour cela, il fallut cependant attendre les travaux d'édilité du Second Empire qui permirent le comblement des fossés qui ceinturaient l'Enclos. Plus tard, à la veille de 1914, à l'initiative de la société du Vieux Honfleur, fut installé un kiosque, qui fut remplacé au lendemain de la Seconde Guerre mondiale par un simple rond-point. Cette place fit alors fonction de carrefour majeur au sein de la vieille ville, reliant la rue de la Ville à la rue Notre-Dame. Elle était traversée par la route nationale (aujourd'hui départementale) qui relie Honfleur à Lisieux et à Pont-Audemer.

1. La place de la porte de Rouen aujourd'hui. SVH

Ci-dessous : gravure colorisée du XIXe siècle, montrant les fossés Saint-Léonard à la hauteur de l'actuelle porte de Rouen avant leur comblement. Au cours du XVIIIe siècle, après la démolition de la porte de Rouen et du pont qui y donnait accès depuis le carrefour Notre-Dame, l'ouverture sur ce carrefour Notre-Dame (à la droite des trois peupliers au centre de la gravure) a été fermée du fait de la construction de maisons sur tout le linéaire des berges. MM

Le faubourg Saint-Léonard

1. Place de la Porte de Rouen et le kiosque de musique au début du XXᵉ siècle, carte postale colorisée. SVH

2. Place de la Porte de Rouen aujourd'hui. SVH

■ Les trois vues de la place de Rouen (1, 2, 3) sont prises depuis l'ancien théâtre de Honfleur.
La première date de début du XXᵉ siècle, elle représente l'entrée de la rue de la Ville, la place Thiers et le quai Montpensier en direction du Vieux Bassin. La seconde, décalée vers le sud-ouest, permet de découvrir l'ensemble des aménagements actuels de la place. La dernière nous offre une plongée sur l'entrée actuelle de la rue de la Ville. ■

3. Vue d'ensemble aujourd'hui en direction de l'entrée de la rue de la Ville. SVH

1. Place Thiers. Musée Eugène Boudin, Honfleur

2. Les moulières autour desquelles s'ordonne la circulation actuelle. SVH

■ *Deux vues depuis la rue Notre-Dame en direction de la place Thiers montrant l'évolution de la place de la Porte de Rouen.*
Au début du XXᵉ siècle, la circulation s'ordonne autour d'un kiosque placé au centre de la place mais la circulation hippo ou automobile reste limitée et la place peut-être encore un lieu de rassemblement autour d'un concert public. (1)
Au lendemain de la Seconde Guerre mondiale, il est remplacé par un rond-point tandis qu'une petite gare des cars est établie en bordure de la place Thiers.
Récemment, un nouveau rond-point y a été implanté, agrémenté de sculptures qui rendent hommage aux moulières, en même temps qu'est réaménagé l'ensemble des places et rues situées sur les anciens fossés. (2) ■

Du Théâtre à la médiathèque

La construction d'un théâtre à Honfleur répondait, sous le Second Empire, à une demande de plus en plus vigoureusement exprimée par une population lasse des salles improvisées et mal aménagées. Elle répondait aussi au désir de la municipalité de doter la ville d'équipements pour les institutions culturelles de nature à lui permettre de tenir son rang : le collège d'enseignement secondaire, la bibliothèque municipale, le musée de la Peinture furent créés à la même époque. Le choix de l'emplacement fut dicté par la présence de terrains disponibles face à la porte de Rouen, carrefour majeur de la nouvelle artère de circulation, sorte de boulevard, aménagé sur les anciens fossés qui venaient d'être comblés. Il y manquait une vitrine pour rehausser le prestige de cet axe et donner une visibilité aux ambitions culturelles de la municipalité. Le musée et la bibliothèque étaient cantonnés dans les locaux de la mairie dont le dernier étage avait été réaménagé pour accueillir ces nouvelles fonctions ; quant au collège, il était relativement isolé dans un îlot du quartier Sainte-Catherine entouré de ruelles.

La commission municipale chargée d'étudier le projet, fut constituée en 1865. Sa présidence échut à Jules Satie, le plus ardent défenseur du projet. Pas moins de 21 projets furent étudiés, donnant lieu à des dessins d'architectes. Ceux qui nous sont parvenus sont représentés ci-contre. Beaucoup témoignent d'une ambition architecturale dont la ville n'avait pas les moyens ; aussi est-ce le projet de l'architecte-voyer de la ville qui fut finalement retenu sur la base d'un estimatif de coût qui correspondait exactement à l'enveloppe prévue, soit 50 000 F.

La construction et l'aménagement intérieur furent réalisés en 2 ans de 1867 à 1869. Les décors intérieurs furent financés par une souscription qui rapporta 3 000 F. La municipalité recruta l'ancien directeur du théâtre d'Evreux, M. Dupont Saint-Hilaire. L'inauguration eut lieu le 27 janvier 1870.

1. Projet d'architecte. AMH

■ Les documents. 1, 2, 3, 4 sont des documents d'architectes ayant concouru pour réaliser le théâtre municipal. Ils présentent leur projet de façade. C'est finalement l'architecte-voyer municipal qui impose le sien, très voisin du projet n° 3.
Pour le parement en façade (5), il a adopté le parti de la bichromie : briques rouges et jaunes ; ces dernières dominent, employées pour des larges chaînages d'angle et d'encadrement des fenêtres ou pour les bandeaux. Le mur de façade du lavoir situé à côté doit être traité de la même façon. Les petits frontons au-dessus des travées centrales de chacune des façades ouvertes sur la place sont également un rappel discret au classicisme. Le traitement intérieur de la salle de spectacle « à l'italienne » est de forme semi-circulaire avec, face à la scène, son parterre, son orchestre et un balcon ; l'ensemble est couvert d'une coupole peinte d'un décor végétal (6), fin des années 1960. ■

2. Projet d'architecte. AMH

4. Projet d'architecte. AMH

3. Projet d'architecte. AMH

5. Façade du théâtre municipal, 1900. Musée Eugène Boudin, Honfleur

◼ *Le correspondant du Lexovien présent à la séance inaugurale décrivait ainsi le théâtre municipal : « L'extérieur tout en briques rouges et blanches, s'il n'affecte pas des proportions monumentales véritables, plaie de l'époque, est cependant satisfaisant. La salle est coquette, gracieuse et parfaitement aménagée. L'exemple de Honfleur ne pourrait-il pas être suivi à Lisieux ? »* ◼

6. Plafond du théâtre. SVH

La médiathèque fut l'un des trois projets phares de la dernière municipalité dirigée par Marcel Liabastre (1989-1995).

La décision de réaliser une médiathèque à Honfleur à l'emplacement du Petit Casino procédait du désir d'impulser une politique culturelle plus active, de lui donner une vitrine et de reconvertir l'ancien théâtre, devenu salle de cinéma après la Première Guerre mondiale, fermé à la suite de la construction d'une nouvelle salle que la municipalité avait décidé d'exploiter en régie directe.

La construction était vétuste. Sa démolition avait été envisagée mais l'intensité de la mobilisation des Honfleurais à la veille d'une échéance électorale (celle de 1989) avait conduit la municipalité à y renoncer et à choisir un architecte J.-J. Morisseau, afin qu'il proposât diverses solutions qui permettraient de conserver tout ou partie de l'ancien édifice dans un projet résolument moderne de médiathèque. La population – ce fut la première fois – fut invitée à se prononcer et choisit massivement le premier des cinq projets dont deux avaient fait l'objet de la réalisation d'une maquette (c'était précisément les projets 1 et 2 jugés plus significatifs par l'architecte lui même). Le projet plébiscité conciliait l'ambition de modernité avec le respect de l'ancien édifice qui avait acquis pour les Honfleurais une valeur patrimoniale.

La mémoire du lieu était sauvegardée : ses murs étaient conservés mais l'intérieur était converti en espace d'accueil, en cafétéria et en salle de conférence. La galerie vitrée en prolongement de l'ancien Petit Casino donnait au lieu de lecture la transparence nécessaire à la mise en scène de cette activité emblématique de la vie culturelle – mais aussi de l'utilisation des nouveaux médias ; de l'ancien théâtre à la médiathèque, on retrouve donc les mêmes préoccupations de donner à un lieu d'activité culturelle une plus grande visibilité dans la cité afin d'en favoriser la démocratisation.

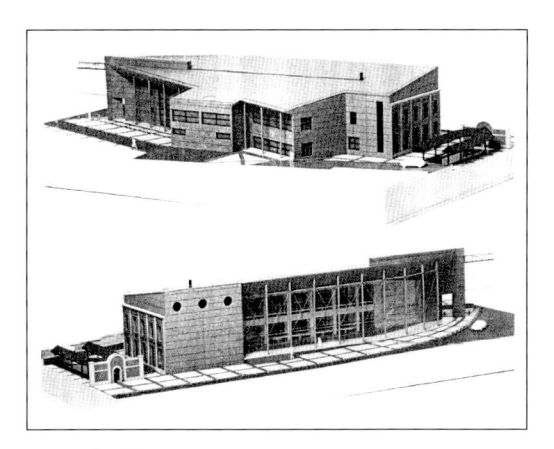

Projets d'architecte. AMH

Plans d'architecte. AMH

Un projet à la jonction de deux majorités municipales

La médiathèque fut le grand projet de la fin de la carrière politique de Marcel Liabastre, comme l'avait été le théâtre pour Alfred Luard. Accusé d'être plus soucieux des infrastructures routières que de tout autre équipement public, il voulut démontrer qu'il avait aussi des ambitions dans le domaine culturel dignes des plus grands maires. Son successeur termina l'opération déjà largement engagée lors de son élection en 1995 mais en réduisit un peu l'ambition, sans la dénaturer, pour des raisons d'économies budgétaires. Cependant, le changement de municipalité fut l'occasion de donner à l'Office de Tourisme une place dans la cité mieux adaptée aux exigences de l'évolution de l'économie honfleuraise dans les années 80-90 en l'installant à côté de la médiathèque. Cette décision traduisait un changement de stratégie car jusque là, resté sans visibilité dans l'espace touristique, il n'avait été considéré que comme le supplétif accessoire de la politique éditaire dont l'exemplarité devait à elle seule assurer la promotion de la ville. L'auditorium prévu fut réalisé quelques années après mais sans qu'on lui ait donné une possibilité d'utilisation suffisante par tous les acteurs de la vie culturelle. L'absence d'ouverture directe sur l'extérieur réduit son utilisation aux heures d'ouverture de la médiathèque et aux contraintes de sa politique d'animation.

La médiathèque. SVH

L'église Saint-Léonard

C'est un vaste édifice en pierre dont la silhouette imposante domine le faubourg depuis la fin du XVe siècle et vraisemblablement depuis plus longtemps. Au XIIe siècle, il est fait mention dans les textes d'une église dont on n'a pas gardé de trace, et qui aurait été détruite pendant la guerre de Cent Ans.

Cet édifice est complexe, constitué d'éléments appartenant à des périodes et des styles différents, souvent de grande qualité, qui s'individualisent nettement tout en formant un ensemble élégant et harmonieux.

Il présente une façade occidentale dont le premier degré est caractéristique du gothique flamboyant, témoignage d'un programme de reconstruction ambitieux après la guerre de Cent Ans mais qui n'a pas été conduit à son terme.

L'agencement en trois parties du premier degré est déterminé par la présence de deux puissants contreforts qui encadrent le portail central dont la structure puissante, agrémentée d'un décor de niches jumelées et de fleurons, rend plus discrète la présence des portails latéraux qui le flanquent.

Le portail principal est un modèle achevé de style gothique flamboyant. Les deux portes en anse de panier et le trumeau* qui les sépare, sont surmontés de niches aujourd'hui sans statues. L'archivolte* est composée de trois voussures* délicatement ouvragées. De la première voussure pendent de fines dentelures terminées par des choux, formant une guirlande d'arcs brisés ; celle du milieu est garnie de niches abritant des angelots décapités ; la dernière, parcourue par une frise de feuillage et hérissée de crochets forme une accolade très harmonieuse. Elle se termine par un pinacle* brochant une balustrade au décor de quatre feuilles.

Le tympan* est privé de sa statuaire dont il ne subsiste que les dais finement ciselés.

De chaque côté des deux puissants contreforts, les portails secondaires s'organisent selon un schéma identique. Ils sont surmontés de baies en arc brisé décorées par des remplages* flamboyants mêlant en un réseau dense soufflets* et

Le faubourg Saint-Léonard

L'église Saint-Léonard aujourd'hui. SVH

Détail de la façade de l'église Saint-Léonard. MH AMH

Eglise Saint-Léonard, 1900. Musée Eugène Boudin, Honfleur

Les étapes de la transformation de l'église Saint-Léonard

La nef et le clocher gothique (dont on n'a aucune représentation) ont été détruits dans un incendie allumé par les protestants lors des affrontements avec les catholiques pendant les guerres de religion. Si la nef, rebâtie au début du XVIIe, est d'une grande sobriété non dénuée d'élégance, c'est qu'elle porte la marque de la dureté du temps de la reconstruction d'après la guerre civile qui a ruiné Honfleur. Elle est due aussi à l'influence des courants puritains opposés à l'exubérance baroque (même si le portail sud sacrifie un peu à cette mode).

Le clocher n'a été relevé qu'au XVIIIe siècle par un architecte local dans un contexte de plus grande aisance économique qui se signale par l'adjonction d'un décor rocaille au-dessus des faces plus austères de sa tour octogonale et d'oculi sur la coupole. Il est représentatif d'un style de clocher fréquemment reproduit à cette époque en Basse-Normandie.

Depuis 1760, un clocher octogonal à degrés coiffe le massif occidental. Chaque pan est éclairé par une baie munie d'abat-son. Les élégantes baies effilées en arc surbaissé du second degré sont surmontées d'un décor en bas-relief figurant des instruments de musique. Le dôme à huit pans percés d'oculi dont la forme rappelle le toit des pagodes, se termine par une pyramide de boules.

Le portail latéral sud annonce un classicisme mal dégagé des influences baroques qui pèsent sur l'art français au début du XVIIe siècle. Ce portail à l'antique est surmonté d'un fronton décomposé pour donner le maximum d'effet. Il repose sur des pilastres* coiffés de chapiteaux sur lesquels pose un entablement mouluré, accosté de deux consoles renversées. La porte encadrée par deux pilastres, est surmontée d'un linteau courbe dont la partie centrale est décorée d'un claveau en relief. Cet ensemble décoratif est conçu dans un style assez dépouillé avec une recherche de l'effet par les traits, les moulures n'étant pas là pour souligner les volumes mais les lignes.

Nef et chevet de l'église Saint Léonard. SVH

Détail du portail latéral sud de l'église Saint-Léonard. SVH

mouchettes* et couronnées d'un placage d'arcatures dont la valeur décorative est rehaussée par un arc en contre-courbe brisée*.

Le second degré de la façade est percé d'une baie cintrée aveugle dans laquelle un beau cadran d'horloge orné de croisillons, de fleurettes et de cartouches portant les heures, est placé au XVIIIe siècle.

Vue intérieure de la nef de l'église Saint-Léonard, 1900.
Musée Eugène Boudin, Honfleur

L'église est de plan basilical. Elle comporte une avant-nef dont l'aile gauche a été très mutilée. La voûte sur croisée d'ogives qui en coiffe le corps central attire l'attention du visiteur par la pureté de ses lignes. Les liernes* et les tiercerons* dont elle est ornée sont des éléments décoratifs caractéristiques du gothique flamboyant ainsi que les soufflets* et les mouchettes* de la grande baie, sur le mur sud, qui seule éclaire cette partie de l'église. Ses vitraux à dominante de bleu ont été placés au XIXe siècle (1876). Deux bénitiers composés de coquilles naturelles de très grande taille et de socles en pierre ornés de crustacés et d'étoiles de mer, avoisinent les puissants piliers polygonaux qui portent la tour. Une très belle statue de bois verni représentant Saint Pierre, commande l'entrée de la nef par l'allée centrale.

La nef est flanquée de collatéraux conduisant à deux petites chapelles placées en leur extrémité.

Elle présente une élévation à deux degrés, comprenant au rez-de-chaussée de grandes

Le retable néonormand de l'église Saint-Léonard. SVH

Vue intérieure de l'église Saint-Léonard aujourd'hui. SVH

arcades en tiers-point, portées par des piles cylindriques que surmontent des petits chapiteaux moulurés ; à l'étage supérieur, d'étroites fenêtres hautes dépourvues de vitraux qui inondent de lumière la voûte en bois. L'abside à pans coupés, est éclairée par des baies au tracé flamboyant, tandis que celles des bas-côtés sont groupées par deux, comme les petites baies géminées des collatéraux de l'église Sainte-Catherine.

Les murs et la voûte (qui a conservé ses entraits et ses poinçons), ont reçu au XIXe siècle un décor de peintures aux teintes aujourd'hui passées. Enfin, l'intérieur, avec son décor mural, offre un bel exemple du renouveau de la peinture religieuse au XIXe siècle, inspiré du style gothique dont aujourd'hui il ne reste que peu d'exemple aussi bien conservés en France. Le retable de la chapelle latérale sud présenté ci-contre est un autre témoin de ce décor néogothique.

■ *Cette petite place de forme triangulaire, bordée d'un côté par la rue Saint-Léonard et de l'autre par une allée rejoignant un parking et un square récent occupant l'ancien lieu-dit du Mont-Saint-Jean, correspond à l'ancien cimetière de la paroisse qui, à la fin du XVIIIe siècle, a été transplanté à l'écart de la ville (le long de l'actuelle route Emile Renouf). Elle s'ouvre depuis le milieu du XIXe siècle sur une rue rectiligne, la rue Cachin qui permet de rejoindre la rue de la République. Récemment réhabilitée, ainsi que la plupart des maisons du XVIIIe et XIXe siècle, elle connaît un renouveau commercial après un long déclin.* ■

Place Saint-Léonard aujourd'hui. SVH

Vers 1900, la place Saint-Léonard est le cœur vivant de l'ancien faubourg du même nom. Tous les rez-de-chaussée sont occupés par des petites boutiques qui constituent un des pôles commerciaux de la ville. *Musée Eugène Boudin, Honfleur*

De l'avant-port au Maudit Bout

Du front de mer au boulevard Charles V

De la jetée de la Planchette au Maudit Bout s'étire un long front de mer longtemps matérialisé par un mur-quai au pied duquel, à marée basse, s'échouaient des navires de commerce ou de pêche.

Sa construction remonte à la fin du XVe siècle. Le projet initial visait à doter le faubourg Sainte-Catherine d'une enceinte protectrice face aux dangers venus de la mer. A la hauteur de l'hospice, un mur d'enceinte perpendiculaire devait protéger l'entrée du faubourg par l'ouest (route de Caen par le littoral). En réalité les moyens financiers manquèrent et le projet resta inachevé.

Le mur-quai, même inachevé et sans utilité militaire, n'en fut pas moins un bon équipement de protection face au risque de submersion marine lors des grandes tempêtes. Aussi pour donner des accès privatifs à la grève, les ouvertures furent-elles pratiquées à bonne hauteur et fermées de fortes portes pour éviter aussi bien les intrusions des voleurs que les assauts des vagues dans les cours intérieures. Devant l'hospice une petite anse était utilisée par les charpentiers de navires. A l'extrémité ouest

---

■ *Les documents permettent de suivre l'évolution de la partie du front de mer depuis le quai de la Planchette jusqu'à la place de l'Hôpital du XVIIe au XIXe siècle. Pendant toute cette période sa configuration est restée celle qui lui a été donnée par les travaux réalisés sous l'impulsion du pouvoir royal, à la fin du XVe siècle, pour étendre le système de fortification à l'ensemble du quartier Sainte-Catherine. D'où le nom de Cordon Royal donné au mur-quai. Le projet ne fut pas achevé.* ■

Plan du XVIIe siècle, détail. MM

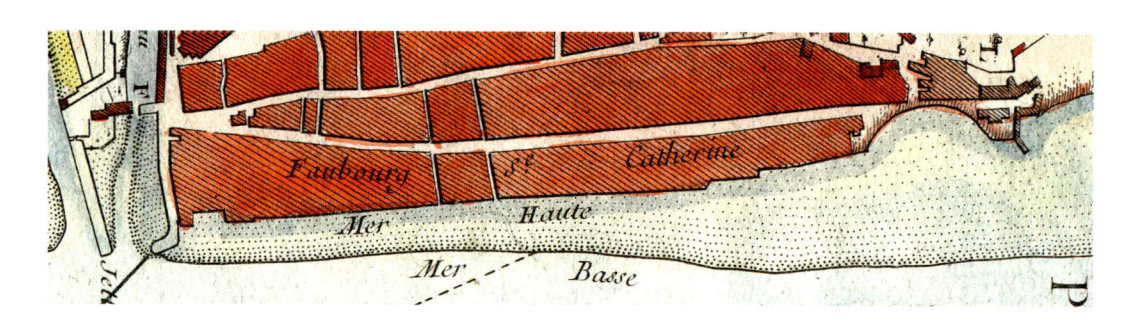

Le front de mer au niveau du Cordon Royal XIXe siècle. MM

Armand de Ville d'Avray (1829-1890), Le mur des fortifications de mer à Honfleur, *fin XIXe siècle.*
Musées du Vieux Honfleur, Honfleur. Photo H. Brauner

Lithographie de Tirpenne. Terre-plein du quai de la Planchette et jetée de l'Ouest, 1865. BML

furent installées une batterie au XVIIIe siècle et une petite jetée avec un fanal.

Au XIXe siècle l'ensablement et l'envasement de cet avant-côte fit perdre son utilité au mur dont le délabrement s'est accéléré. Il fut progressivement détruit au gré des initiatives individuelles. La grève qui n'était plus recouverte par la marée devint un secteur insalubre. Cela justifia l'intervention de la commune qui aménagea le boulevard Charles V à la fin du XIXe siècle.

Comme le montrent les photographies aériennes datant du début des années 1950, le boulevard Charles V forme une artère de circulation qui aurait pu devenir la matrice d'un front de mer à vocation touristique à l'instar des autres stations de la Côte Fleurie ; mais il ne le devint pas en raison de la médiocrité de la plage et ce, malgré les efforts des municipalités qui, pendant la première moitié du XXe siècle, ont tenté d'aménager des espaces récréatifs : un jardin public, des aires de jeux, une promenade le long de la plage...

Les conséquences de l'échec de la greffe balnéaire se lisent sur la façade bâtie du boulevard, hétérogène et discontinue, laissant découvrir en second plan les façades arrière des maisons de la rue Haute où se juxtaposent des constructions d'époques différentes : quelques maisons anciennes, à pans de bois ou en silex, représentatives des fonctions de ce front de mer jusqu'à la fin du XVIIIe siècle, présentant en général leur façade pignon sur le boulevard, en retrait de l'ancien mur, et des maisons en briques plus modestes du XIXe siècle et du début du XXe siècle qui s'avancent en général par rapport à l'ancien alignement du mur. Des constructions plus récentes sont venues s'ajouter également depuis la Seconde Guerre mondiale. A l'exception de la villa des Embruns, à l'extrémité du boulevard, on ne note pas la présence de villas « bains de mer ». L'ensemble pourrait acquérir une certaine « noblesse » comme peuvent le

Vue aérienne du quartier Sainte-Catherine et du boulevard Charles V au début des années 1950. SVH

Vue aériennne du boulevard Charles V. SVH

Maisons Satie et résidence de Paul Elie Gernez, boulevard Charles V. SVH

Les maisons du boulevard Charles V. SVH

Les maisons d'armateurs du XVIᵉ et XVIIᵉ siècles le long du boulevard Charles V. A gauche le pignon de celle de Pierre Chauvin (XVIᵉ siècle). SVH

laisser entrevoir certaines réhabilitations si une politique de restauration d'ensemble, avait été entreprise. Le récent et très soigné réaménagement du boulevard qui, depuis 1972, grâce à l'ouverture du « chemin 34 » rejoignant à partir de l'ancienne place de l'Hôpital la route de Trouville, est devenu l'une des trois grandes entrées de la ville, pourrait servir de catalyseur à un tel projet.

La place Hamelin

C'est une place caractéristique des villes médiévales et modernes. Elle possède une forme triangulaire (comme celle de Saint-Léonard). Elle est délimitée par deux rues, la rue Haute et la rue de L'Homme de Bois, qui se rejoignent devant la porte de Caen où aboutissent deux autres voies perpendiculaires : la rue des Logettes et le quai des Passagers (ancien quai Beaulieu ou de la Planchette).

Les maisons de ville jointives de deux ou trois étages qui l'encadrent sont des constructions édifiées à partir du XVIIᵉ siècle, que se partageaient, sauf exception, plusieurs propriétaires ou locataires. Pas de façade de prestige en dehors de la maison ayant appartenu à la famille Lion Saint-Thibaut qui présente un traitement caractéristique de l'architecture domestique urbaine du XVIIIᵉ siècle : sur les deux premiers degrés, trois belles baies vitrées en plein cintre, celles du deuxième degré étant bordées d'un balcon avec une balustrade en fer forgé.

Vue de la place au début du XXᵉ siècle depuis son extrémité ouest, en direction de la Lieutenance. Musée Eugène Boudin, Honfleur

Vue de la place Hamelin depuis la porte de Caen au début du XXᵉ siècle. Musée Eugène Boudin, Honfleur

En fait cette place, située juste devant la porte de l'Enclos, à proximité de l'avant-port et de ses quais de débarquement des voyageurs, des marchandises diverses et du poisson, est l'un des pôles les plus importants de l'activité commerciale à Honfleur.

D'où la présence depuis le Moyen Age d'hôtelleries comme celles des Trois Sauciers et de la Couronne et la tenue au milieu de la place d'un marché quotidien aux poissons et aux fruits et légumes qui suscitait parfois des protestations lorsque les « campagnards » arrivaient dès minuit pour pouvoir dresser leurs étals et vendre dès l'aurore.

La dénomination de cette place a varié dans le temps : place du Pilori, puis place de la Grande Fontaine ou de la Fontaine Bouillante en raison d'une source qui jaillissait en son centre. Celle-ci se tarit à la fin du XVIIe siècle mettant ainsi fin à l'activité des lavandières « qui battaient leur linge jusqu'à des heures indues, c'est-à-dire après que l'heure du pardon eut sonné vers 9 heures du soir ». En 1841, le conseil municipal décida d'honorer la mémoire du contre-amiral Hamelin, gloire militaire honfleuraise, né dans l'une des maisons de cette place.

Les restaurants ont aujourd'hui colonisé tous les pas de portes qui accueillaient au XIXe siècle et jusque dans les années 1970 des commerces de proximité très variés.

La rue Haute

La rue Haute est l'une des plus anciennes de la ville, construite sur le « Perroy de mer » à partir du XVe siècle.

Dans ce quartier de marins cohabitaient les différentes strates de la société portuaire : armateurs et négociants, comme simples matelots. Au XVIe siècle, les protestants y étaient nombreux et se réunissaient dans l'auberge de la Grande Couronne. Au nord, les maisons alignées présentent leur façade principale du côté de la rue. Les façades arrière étaient tournées vers la mer dont elles n'étaient séparées que par une longue cour fermée et le mur de quai qui longeait l'estran depuis l'extrémité du quai de la Planchette jusqu'à l'hôpital. Cette situation était particulièrement recherchée par les armateurs qui firent construire leur maison-hôtel de ce côté de la rue et avaient ouvert des portes à mi-hauteur sur le mur du quai pour faire entrer les marchandises qu'ils entreposaient dans leur

Ci-dessous, sur un plan du milieu du XVIIe siècle la situation de la place de la Grande Fontaine devant la porte de Caen. MM

Ci-contre : la place Hamelin aujourd'hui. SVH

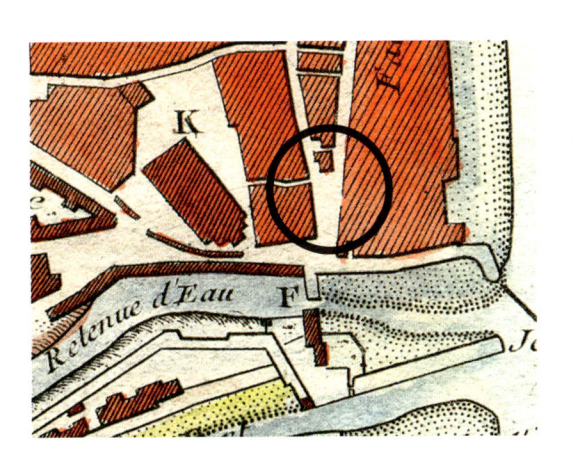

habitation ou dans des annexes édifiées dans la cour. Une série de petites ruelles assuraient cependant la connexion entre la rue et la grève : elles-mêmes étaient fermées par des portes.

Lieu de vie pour les habitants, la rue Haute était aussi une voie de passage pour ceux qui, quittant Honfleur, voulaient gagner Caen par la route du littoral dont une section importante empruntait simplement la grève à marée basse. C'était notamment l'itinéraire suivi par la poste aux chevaux. Pour cette raison, plusieurs hôtelleries y étaient établies aux XVIe et XVIIe siècles. Mais c'est aussi la rue par laquelle venait le danger pour la ville car à son extrémité, le Mau-

---

■ La photo 1 prise depuis le phare de l'Hôpital, montre l'entrée de la rue Haute depuis la place de l'Hôpital. Cette entrée est encadrée par la maison de style néogothique typique des stations balnéaires, construite par le docteur Rachet, médecin chef de l'hôpital et ami d'Eugène Boudin.
De part et d'autre d'une rue rectiligne, parallèle au boulevard Charles V, se succèdent de modestes maisons jointives en briques ou à pans de bois (2, 3, 4) caractéristiques d'un quartier populaire ainsi que quelques maisons de plus belle facture. ■

2. La rue Haute vers 1900. *Musée Eugène Boudin, Honfleur*

3. Maisons à pans de bois de la rue Haute vers 1930. MH

4. L'entrée de la rue Haute aujourd'hui. SVH

1. L'entrée de la rue Haute depuis la place de l'Hôpital. Droits réservés

dit bout, pouvaient débarquer ceux qui cherchaient à s'en emparer. D'où l'installation d'une batterie et d'un corps de garde au niveau de l'actuelle place de l'Hôpital.

La rue L'Homme de Bois

Son point de départ se situe également place Hamelin. Elle suit la ligne de crête d'un talus escarpé, parallèlement à la rue Haute qu'elle surplombe. Elle conduit vers la route de Trouville ou par le « Trou Miard » redescend vers la place de l'Hôpital. Des escaliers prolongés de ruelles étroites la relient à la rue Haute, d'autres ruelles permettent de gagner la rue des Capucins qui monte vers la Côte de Grâce. Son nom est dû à une sculpture qui ornait autrefois le sommier d'une maison à pans de bois.

La rue faisait partie du quartier populeux de Sainte-Catherine mais avait encore au début du XIXe siècle d'importantes parcelles non bâties ce qui permit la construction de grands édifices publics et religieux dont la masse et la hauteur contrastent avec le reste du bâti à pans de bois : successivement l'école élémentaire de garçons construite en 1850 pour les Frères de la doctrine chrétienne (à l'emplacement d'un ancien cimetière protestant), puis le collège municipal d'enseignement secondaire (en plusieurs étapes entre 1800 et 1880), et enfin le couvent de l'ordre enseignant des chanoinesses de Saint-Augustin destiné à l'éducation des jeunes filles sur les terres de l'ancienne congrégation des Ursulines chassée par la Révolution. Ces deux derniers établissements, grâce à leur capacité d'accueil, recrutaient dans tout le nord du Pays d'Auge, dans le Lieuvin et même en

Les façades du collège et du couvent des Augustines au début du XXᵉ siècle. Musée Eugène Boudin, Honfleur

L'ancienne école des Frères de la doctrine chrétienne. SVH

■ L'ordonnancement classique de la façade de l'ancienne école est tout à fait conforme aux modèles architecturaux recommandés par l'université au XIXᵉ siècle : elle exprime à la fois le souci d'ordre et de mesure (symétrie et équilibre des masses par rapport au corps central surmonté d'un fronton), régularité des intervalles entre les chaînages légèrement en saillie qui encadrent les fenêtres, et le souci d'économie exprimé par l'usage de la brique. L'Agence de l'Eau Seine-Normandie qui y a installé ses bureaux, a réussi une remarquable réhabilitation au début des années 1990. ■

Le musée Eugène Boudin

Le musée municipal de Peinture a été créé en 1868. A l'étroit dans les locaux de la mairie, il a été installé en 1924 dans la chapelle de l'ancien couvent des Augustines racheté par la ville après le départ de la congrégation en 1909. Il prit en 1960 le nom du peintre honfleurais Eugène Boudin, un des pères de la peinture impressionniste.

Le musée offre au public une collection remarquable d'œuvres du XIXᵉ siècle et de la première moitié du XXᵉ siècle. Ses expositions temporaires, de grande qualité, remportent toujours un vif succès. Il souffre cependant d'une accessibilité difficile freinant sa fréquentation par les groupes de touristes, en particulier ceux du troisième âge.

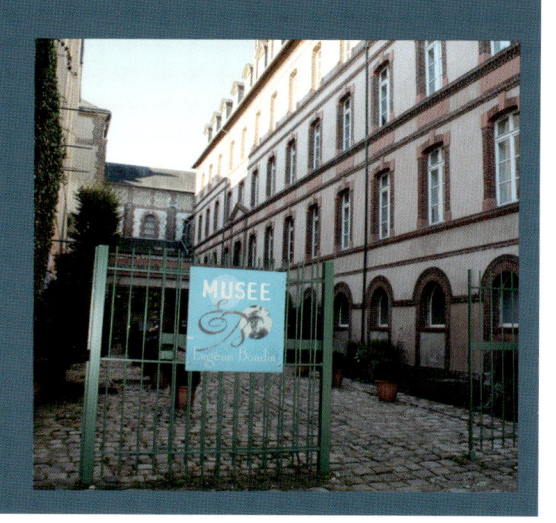

L'ancien collège municipal

Symbole du « lycée caserne » napoléonien, avec ses bâtiments d'études et son internat entourant un ensemble de petites cours disposées en terrasses, le collège municipal de Honfleur est une institution créée sous le Second Empire sous l'impulsion d'une bourgeoisie industrielle et de notables soucieux d'éviter à leurs enfants l'éloignement du domicile familial pendant leurs « humanités ». Il a fourni également un grand nombre de « cadres moyens » pour les entreprises très nombreuses et dynamiques qui gravitaient autour du port (le premier du Calvados jusqu'au début du XXe siècle). Deux cents élèves le fréquentaient à la veille de la Grande Guerre depuis les petites classes jusqu'en terminale.

L'ancien collège depuis la cour intérieure. SVH

Pays de Caux ; ils portent encore témoignage de l'importance du pôle honfleurais dans la « carte scolaire » régionale de cette époque. Aujourd'hui, les institutions scolaires ont toutes déserté ce quartier. Se pose le problème de la reconversion de ces immeubles, au style injustement décrié, enclavés dans un quartier où la circulation automobile est très difficile. Son attrait touristique est une chance à saisir pour y parvenir.

La place de l'Hôpital

Cet espace qui s'étend devant le vieil hôpital était, contrairement à la place d'Armes au cœur de l'Enclos, le lieu de la marginalisation sociale et le symbole de toutes les menaces qui pesaient sur la société urbaine : c'était le Maudit Bout ! Il était situé devant la rue Haute qui se prolongeait autrefois jusqu'aux portes de l'hôpital et était empruntée par les rouliers se dirigeant vers Caen. Cet espace avait été acquis par la ville en 1643 et régulièrement mis en adjudication au profit des constructeurs de navires. C'est au XVIIe siècle qu'il reçut le nom de place de l'Hôpital. Son extrémité était protégée par un épi de maçonnerie (1, 3 et 4 pages suivantes). C'est là que le génie militaire, au

Entrée de la rue L'Homme de Bois par la place Hamelin. SVH

Les murs de l'ancien lycée aujourd'hui. SVH

1. Lithographie de Tirpenne. Vue de la partie ouest du front de mer et du phare de l'Hôpital, 1865. Le mur quai avec ses portes en hauteur pour éviter la submersion marine des cours intérieures lors des grandes marées. BML

4. Place de l'Hôpital et le phare. Carte postale montrant les vestiges de la redoute dotée au XVIIIe siècle d'une batterie d'artillerie (jusqu'au milieu du XIXe siècle) pour protéger la ville d'un débarquement ennemi. Musée Eugène Boudin, Honfleur

moment de la guerre de Sept Ans (1756-1763) avait aménagé une batterie d'artillerie, un parc à boulets et un corps de garde pour protéger la ville de toute tentative d'attaque britannique. Une promenade plantée de trois rangées de tilleuls fut réalisée sur le reste de l'esplanade. Un fanal de 9,75 m de haut, installé au-dessus d'une tour en pierre de taille, se dressait à l'extrémité d'une petite jetée. Les tilleuls furent arrachés en 1830 sur requête de l'armée pour développer l'espace dévolu à la batterie. Cette dernière fut désaffectée en 1875 et l'espace fut rendu à la ville. Entre-temps, le petit fanal avait laissé place en 1857 à un phare haut de 25 m construit en pierre de Caen. Ce phare était destiné à guider les navires qui entraient dans l'estuaire et voulaient remonter vers Rouen ; avec le phare de Fatouville il donnait un alignement qui passait par le nord du banc du Ratier.

Désaffecté à partir de 1908, il a été sauvé de la destruction par un négociant qui l'a racheté à la ville puis par l'Académie du peintre Julian. Ce témoin de la longue histoire des phares a finalement rejoint le domaine public communal en 2004 en raison des enjeux de sa conservation. En effet, il est devenu un des édifices de Honfleur les plus représentés par les peintres, de Jongkind à Herbo. Il a ainsi acquis ce statut d'objet patrimonial auquel ses fonctions purement techniques ne le prédisposaient pas initialement, par la volonté des artistes qui ont reconnu sa valeur esthétique et symbolique. Les récents aménagements routiers (le chemin « 34 » en 1972) et urbains (le réaménagement de la place et du boulevard Charles V en 2014) ont permis de transformer « le Maudit Bout » en porte d'entrée majestueuse pour une ville désormais largement tournée vers le tourisme.

3. Place de l'Hôpital, plan de 1837. AMH

2. Place de l'Hôpital, vers 1900. Musée Eugène Boudin, Honfleur

■ Le phare de l'Hôpital et la grève à l'ouest qui fut occupée successivement par des chantiers de construction navale, un établissement de bains de mer à l'existence éphémère et aujourd'hui par un camping. Le feu fixe du phare a été éteint en 1908.
Le plan de 1837 (3) révèle les aménagements sommaires réalisés à la fin du XVIIIe siècle et les photos ci-contre (4 et 5) prises en direction de l'ouest montrent l'évolution du site entre la fin du XIXe siècle et le début du XXIe siècle. Inaugurés en 2014, les nouveaux aménagements paysagers font de la place une belle entrée de ville mettant en valeur l'architecture du vieil hôpital et du phare. ■

5. Place de l'Hôpital aujourd'hui. SVH

De la maison Dieu à l'hôpital général

Les bâtiments qui composent l'ancien hôpital-hospice de Honfleur (ayant eu le statut d'hôpital général de 1682 jusqu'à la Révolution) ont constitué les seuls lieux d'accueil pour les pauvres, les malades et les mendiants de la ville pendant trois siècles et demi. Ils ont été construits entre le début du XVIe siècle pour les plus anciens et la fin du XVIIIe, selon une chronologie qu'il est très difficile d'établir, tant les informations concernant les travaux sont éparses dans les sources écrites. Ils n'en constituent pas moins un ensemble assez puissant et harmonieux au pied de la falaise du plateau de Grâce représentatif des formes de l'architecture civile hospitalière sous l'Ancien Régime et des structures de fonctionnement de ce type d'établissement.

Les grands édifices en brique des XVIIe et XVIIIe siècles sont situés de part et d'autre de trois petits corps de bâtiment dont deux datent du XVIe siècle) avec des parements en pierres de taille calcaire disposées en bandeaux ou en chaînages (autour des fenêtres et aux angles) ou en silex noirs. Ceux-ci sont disposés autour d'une cour centrale. Il s'agit de la chapelle Saint-Firmin, du chœur des sœurs et du bâtiment principal à un étage qui abritait des salles pour les pauvres et les malades. Ce dernier et la chapelle forment l'ancien Hôtel Dieu (qui comprenait également à l'est un corps de bâtiment dont il ne reste que les soubassements intégrés dans l'édifice que l'on voit actuellement, plus haut, construit au XVIIIe siècle).

A l'ouest, le grand immeuble abritait au XVIIIe siècle la communauté des sœurs hospitalières. Sa belle façade tournée vers la mer est de style classique avec ses chaînes en brique encadrant les fenêtres en arcs surbaissés qui forment des travées sur trois niveaux, séparées verticalement par des bandeaux également en brique. Tous ces bâtiments, après avoir été désaffectés au début des années 1980, ont été réhabilités récemment en appartements. La chapelle et le chœur des sœurs font aussi l'objet de travaux de restauration sous l'impulsion de l'association Les Racines de Honfleur, avec l'aide de la fondation de France.

C'est dans ce style qu'a été construit le nouvel immeuble résidentiel, après la démolition des bâtiments hospitaliers construits à la place des petites maisons et jardins qui dominaient l'ancien hôpital général au début du XXe siècle, ce qui donne à l'îlot une belle unité architecturale.

Façade de l'hôpital et de la chapelle. SVH

L'extension du XVIIIᵉ siècle. SVH

Ci-dessous un bel exemple d'insertion paysagère, respectueux du patrimoine urbain, d'un projet immobilier récent. Il a été développé sur le site de l'hôpital construit au début du XXᵉ siècle au-dessus de l'ancien hôpital général. L'hôpital du début du XXᵉ siècle a été démoli au début des années 1990 après le transfert de l'établissement sur la commune d'Equemauville. SVH

Vue d'ensemble de l'ancien hôpital. SVH

L'immeuble des Sœurs Augustines. XVIIIᵉ siècle. Façade principale et détail de l'immeuble et de son portail d'entrée. SVH

La place Sainte-Catherine et sa périphérie

L'église Sainte-Catherine

C'est la plus grande église à pans de bois de France ; c'est aussi l'une des plus anciennes et des plus belles, ce dont Prosper Mérimée, puis Viollet-le-Duc ou encore Arcisse de Caumont avaient pris conscience bien avant les Honfleurais eux-mêmes qui, pendant la première moitié du XIXe siècle, ne cessèrent d'envisager sa démolition ! Ces parrainages illustres expliquent qu'elle ait été le premier édifice de la ville à être classé monument historique. Sa construction remonte aux lendemains de la guerre de Cent Ans. Elle remplaça une petite église de pierre située entre l'église actuelle et la place Hamelin, qui avait peut-être été détruite en 1419 lors du siège de l'Enclos par les Anglais ou par l'armée de reconquête de Charles VII en 1450. Elle fut reconstruite rapidement après le conflit avec des dimensions et des matériaux différents.

Paul Huet, Honfleur, l'église Sainte-Catherine et le marché, *1821. Musée Eugène Boudin, Honfleur. Photo Illustria*

Les raisons de la reconstruction en bois de l'église du faubourg Sainte-Catherine, au lendemain de la guerre de Cent Ans, sont un sujet de controverse chez les historiens : l'hypothèse la plus plausible est qu'elle avait un caractère provisoire, en attendant la fortification de ce faubourg beaucoup plus exposé aux risques de guerre que celui de Saint-Léonard dont l'église fut reconstruite en pierre.

Elle est le fruit de trois campagnes de construction : la première au début des années 1450 concerna la nef nord, la seconde en 1496 pour la deuxième nef, et la troisième permit un allongement de trois travées au début du XVIe siècle avec adjonction de bas-côtés. Les éléments décoratifs sculptés dans le bois appartiennent au registre du vocabulaire de la fin du gothique (fenêtres hautes) et de la première Renaissance (portail sud).

L'église, telle que nous pouvons la découvrir et l'admirer aujourd'hui, présente un aspect extérieur général assez éloigné de celui qu'elle offrait jusqu'à sa restauration de la fin du XIXe siècle. Qu'on en juge d'après les documents iconographiques présentés ci-contre ! Un dessin daté de 1821 de Paul Huet (1803-1869) montre un édifice à l'allure massive de bâtiment agricole avec son immense toit à croupe. Dès 1829, à l'initiative du curé Leguay, les porches en bois occidentaux sont abattus et remplacés par un portique gréco-romain de style toscan. Les murs de façade sont revêtus d'un enduit de plâtre peint : la façade de bâtiment agricole s'est ainsi métamorphosée en temple gréco-romain ! Au début du XXe siècle, la dégradation des enduits du mur et le constat par les architectes des monuments historiques du « pourrissement » des pans de bois sous le parement, conduisent à des travaux de décapage de la façade (lors

L'église Sainte-Catherine vers 1913. Le portail néotoscan. SVH

35 HONFLEUR - Eglise Ste Catherine - La Façade XIVe siècle

Porche néo normand depuis 1929.

L'église Sainte-Catherine. Nef, bas côté et portail latéral sud. SVH

de la deuxième campagne de restauration qui s'achève en 1912) mais il faut attendre 1929 pour voir disparaître l'incongru portique au profit d'un porche normand.

Le clocher de l'église (à ne pas confondre avec la petite flèche décorative néogothique qui surmonte le chœur de la nef sud) a été construit en face de la façade de la nef nord. Comment expliquer cette autre singularité de l'église Sainte-Catherine ?

Les caractères de sa structure et des décors sculptés sur le porche, sa situation face à la nef nord rattachent également l'édifice à la deuxième moitié du XVe siècle. Ce choix d'implantation, à la manière des campaniles italiens, quoique rare, n'est pas unique en France. Il s'explique probablement par la crainte que la haute et relativement légère structure de bois de l'église ne puisse résister à l'ébranlement résultant de la mise en mouvement des cloches. Selon les époques le clocher a été en effet doté de quatre à six lourdes cloches fixées dans le beffroi qui constitue la structure porteuse à l'intérieur de la tour haute d'environ 18 m.

Une forte construction pentagonale qui servait de logement au sonneur l'enserre à la base et l'ancre au sol. Des jambes de force qui assurent le contrebutement y prennent appui. Une première horloge sans doute placée très tôt sur le clocher a été remplacée en 1669.

Les cloches et l'horloge ne se limitaient pas à rythmer le temps de l'église mais aussi celui plus politique du fonctionnement des institutions municipales : au XVIe, la grosse cloche servait à appeler les membres du corps de ville à se réunir en assemblée.

L'église tire aussi certaines spécificités de sa construction par des charpentiers de navire, nombreux dans la ville portuaire qui était un centre important pour la construction navale. Les bâtisseurs ont donné aux deux charpentes lambrissées en berceau brisé qui couvrent les deux nefs, un galbe qui n'est pas sans rappeler les coques de navire.

L'église a été érigée à l'aide de matériaux provenant de la forêt de Saint-Gatien, notamment les poteaux qui supportent la voûte taillés dans de fûts de chêne d'une hauteur exceptionnelle.

Une restauration historiquement datée

Viollet-le-Duc puis Arcisse de Caumont dans sa *Statistique monumentale du Calvados*, ont soutenu très tôt l'idée d'un classement de l'église au titre des monuments historiques. Le maire, Alfred Luard, après avoir recueilli l'avis favorable de la commission municipale constituée à cet effet et avoir beaucoup hésité à franchir le pas, s'est décidé à le demander à la veille de la guerre de 1870. Cet événement dramatique a retardé le classement qui n'a été acté qu'en 1876.

L'église a fait l'objet de plusieurs campagnes de restauration : les plus importantes furent les trois premières : 1878/1892, 1910/1912, 1929. Elles ont déterminé l'aspect qu'offre l'église aujourd'hui.

L'architecte qui a conçu la restauration est un disciple de Violet le Duc, E. Millet, comme lui adepte de la « restauration intégrative » qui vise à rétablir l'édifice dans l'état idéal qu'il était censé avoir eu à l'époque de sa construction, en supprimant tous les éléments hétérodoxes du point de vue du style. Le résultat est incontestablement une réussite sur le plan esthétique même s'il ne respecte pas les caractères que l'église avait encore vers les années 1820 qui n'étaient probablement pas très éloignés de ceux qui étaient les siens au XVIe siècle, ! Les soubassements sont entièrement refaits en pierre de Poissy, la charpente des deux chœurs en chêne des Vosges, l'entre-colombage des bas-côtés est rempli en brique de Villequier. La deuxième campagne organisée sous l'égide de Ruprich Robert, qui porte sur les deux nefs et la façade, se veut plus respectueuse, selon les propos de l'inspecteur général des Monuments Historiques M. Magne, « *d'un édifice au caractère un peu fruste qui semble avoir été fait par des charpentiers de navire* ». La même philosophie s'est imposée pour la construction d'un nouveau porche après la Première Guerre mondiale.

Projets présentés par les architectes E. Millet et P. Naples, pour les travaux de 1878, *dessins aquarellés signés par Viollet-le-Duc.*
Honfleur, archives municipales © Illustria

Clocher de l'église. SVH

Le porche du clocher avec son décor sculpté en anse de panier. Sur la porte l'ombre portée du pignon de la nef nord. SVH

Le soin apporté au décor sculpté sur bois est remarquable. Celui-ci renvoie à la grammaire décorative du gothique finissant pour les fenêtres hautes, à celle de la première Renaissance pour les portes du portail latéral. Son mobilier intérieur ne le cède en rien en intérêt à la structure de l'édifice avec notamment la balustrade d'orgue de style Renaissance et ses bas-reliefs représentant des instruments de musique.

L'église est depuis cinq siècles le cœur des grandes manifestations religieuses de la cité.

L'évolution de l'aménagement et du décor intérieur de l'église au XIXe siècle

Les campagnes de restauration de la fin du XIXe siècle ont profondément affecté l'aspect intérieur de l'église. Les trois photos classées par ordre chronologique nous permettent de suivre l'évolution que les travaux ont entraînée pour l'intérieur de l'église. Les colonnes à l'antique réalisées à partir de plâtre au début du XIXe siècle sont visibles sur les photos n°1 et n°2. La première est plus ancienne puisqu'elle nous restitue l'aspect du chœur de la Vierge (extrémité de la nef nord) avec son autel à retable baroque du XVIIe siècle avant que les premiers travaux de restauration soient entrepris. La photo n°2 montre une vue d'ensemble des nefs et des chœurs après la première campagne de restauration : d'importantes verrières éclairent les chœurs mais les nefs conservent leur habillage à l'antique. Une imposante tribune latérale est fixée aux piliers de la nef nord. Ce décor antiquisant a disparu au cours de la deuxième campagne de restauration pendant laquelle on a rénové les lambris – seuls, ceux situés sur l'extrémité ouest n'ont pas été changés. Les piliers ont retrouvé leur aspect rustique après décapage du plâtre mais l'une des deux galeries a été conservée le long du mur sud. Elle a été retirée pendant l'entre-deux-guerres (3).

1. Intérieur de l'église Saint-Catherine, 1860.
Musée Eugène Boudin, Honfleur

2. L'intérieur de l'église après la première phase de restauration vers 1900. SVH

3. L'intérieur de l'église Sainte-Catherine.
Musée Eugène Boudin, Honfleur

L'élévation à trois degrés de la hauteur des fûts de chêne qui forment les piliers de la charpente. SVH

Des bois de natures différentes pour les lambris du chœur de la nef. SVH

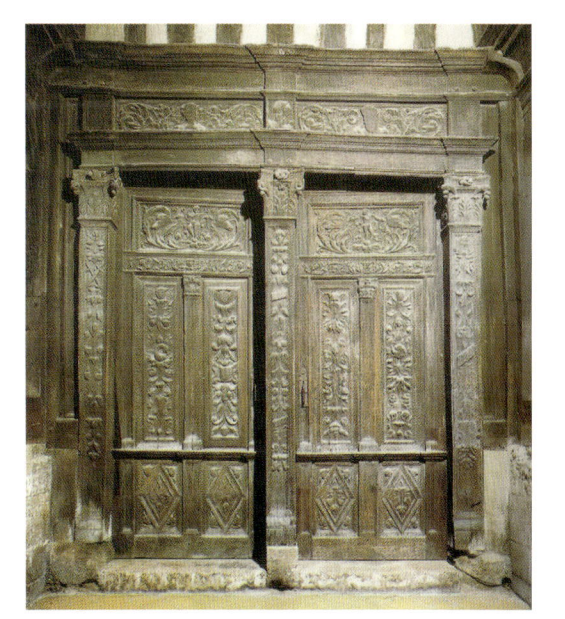

Deux métopes de la balustrade de l'orgue. SVH

Le portail latéral sud. SVH

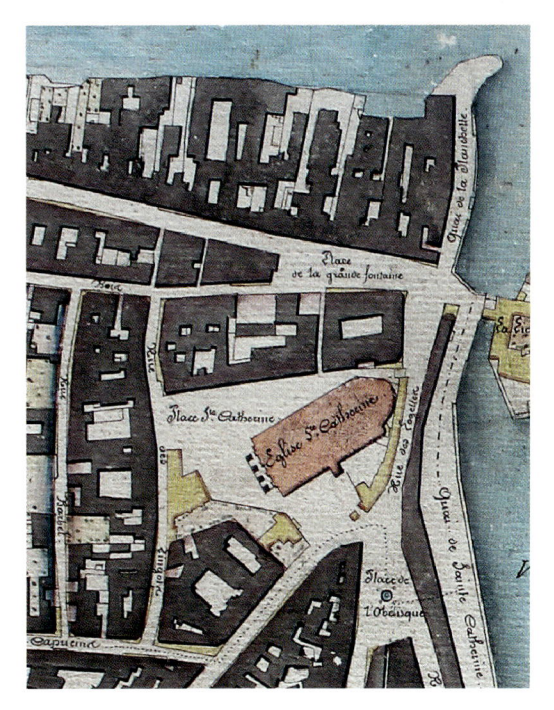

La place Sainte-Catherine et sa périphérie

1. Plan de 1837. AMH

3. Johan-Barthold Jongkind, L'église et le clocher Sainte-Catherine à Honfleur, *1863. Musée Eugène Boudin, Honfleur. Photo Illustria*

2. Joseph Jean-François Bellel, Vieilles maisons au chevet de l'église Sainte-Catherine, *1836.*
Musée Eugène Boudin, Honfleur © musée-Lécluse

■ En jaune, sur le plan Cachin (1), le bâti à démolir pour agrandir et ouvrir la place sur l'extérieur.
Le dessin (2) montre les logettes adossées au chevet de l'église Sainte-Catherine.
Tableau de Johan-Barthold Jongkind (3) montrant la place juste après les travaux de terrassement. Le tableau de Jongkind (4) et la photo (5) montrent le marché du samedi à quelques trente ans d'intervalle. ■

La place Sainte-Catherine

La place qui entoure l'église Sainte-Catherine a d'abord été un cimetière presque entièrement entouré de maisons et ne communicant avec l'extérieur que par de petites ouvertures. Même si la tentation avait dû être grande pour les marchands forains de l'utiliser comme place de marché, l'église s'y opposait par respect pour les morts qui y étaient inhumés. Ce n'est qu'à partir de la « délocalisation » du cimetière en 1781 sur un terrain situé à l'extrémité de la rue de la Bavolle, en lisière de la ville, qu'il fut envisagé de l'instituer comme place de marché hebdomadaire. L'arrêté municipal de 22 messidor An XII (10 juillet 1804) fixa les règles d'utilisation par les marchands de produits de bouche le samedi matin. Cette place était trop petite et enclavée pour cette nouvelle fonction. Le plan Cachin prévoyait de l'ouvrir par la démolition des logettes qui la fermaient à l'est et au sud-est ainsi que du presbytère au sud-ouest.

4. **Johan-Barthold Jongkind,** Honfleur, place Sainte-Catherine, le marché, *1865.* *Musée Eugène Boudin, Honfleur. Photo H. Brauner*

5. *Le marché au début du XXe siècle.* *Musée Eugène Boudin, Honfleur*

La place de l'Obélisque vue depuis la rue du Dauphin.
Musée Eugène Boudin, Honfleur

La place de l'Obélisque. On distingue à gauche la rue du Dauphin et à droite la rue Brûlée. SVH

La place de l'Obélisque aujourd'hui. SVH

Le rachat des immeubles par la ville s'effectua sous la Restauration et la Monarchie de Juillet. Ils furent ensuite démolis. La destruction du presbytère clôtura le processus en 1852. D'importants travaux de terrassement furent également nécessaires pour niveler l'ensemble de la place et l'ouvrir en pente douce vers la rue du Puits.

Le marché du samedi matin devint le lieu de rencontre des Honfleurais et aujourd'hui des touristes. Son cadre monumental, avec notamment le clocher, isolé face au porche de l'église, est resté presque inchangé depuis le milieu du XIXe siècle. Il a inspiré nombre d'artistes peintres et photographes. Il est devenu une figure iconique de la ville.

Du carrefour Sainte-Catherine à la place de l'Obélisque

C'était l'un des carrefours les plus actifs de la ville, à la jonction de deux grandes routes : l'une, à partir de la rue Brûlée, reliant Honfleur à Pont-l'évêque, Lisieux, Alençon et l'autre, à partir du chemin de la contrescarpe (le seul chemin, en dehors de l'Enclos qui permettait d'unir les deux faubourgs sans passer par le port) reliant Honfleur à Pont-Audemer et Rouen. C'est sur cette place que se tenait une partie du marché hebdomadaire, celle consacrée aux fruits et aux légumes, ainsi que la foire Sainte-Catherine ; les étals se prolongeant rue des Logettes jusqu'à l'autre carrefour devant la porte de Caen, place de la Grande Fontaine. Par opposition à celle-ci, le carrefour Sainte-Catherine prit le nom de place de la Petite Fontaine après la construction en 1585, à l'initiative des échevins, d'une petite fontaine ornée d'une pyramide triangulaire couronnée d'une fleur de lys sur une base quadrangulaire d'où l'eau s'écoulait par quatre tuyaux. C'est à la fin du XVIIe siècle que la place a acquis les caractéristiques que nous lui connaissons, le chemin de la contrescarpe devenant une rue à part entière – la rue du Dauphin – du fait de la construction des maisons du quai Sainte-Catherine, en contrebas, dont les étages supérieurs le bordaient.

La petite fontaine resta au centre de la place jusqu'en 1827 non sans avoir subi au moment de la Révolution des atteintes à son décor initial, la fleur de lys ayant été remplacée par un bonnet phrygien, puis un lion.

En 1827, la pyramide qui menaçait ruine fut remplacée par un obélisque monolithe de quatre mètres de haut en pierre de Réville, sur la base duquel, au milieu d'une couronne de chêne, furent gravées des inscriptions devenues aujourd'hui illisibles, en l'honneur de Jean-Baptiste Prémord, l'échevin qui avait obtenu du Roi en 1758, la restauration des anciennes franchises de la ville.

Les rues en périphérie de l'église

A l'ouest de l'église Sainte-Catherine se déploie un réseau dense de rues et ruelles qui constitue le cœur du quartier. Ce tissu s'ordonne autour de deux axes principaux, parallèles : la rue des Capucins et la rue de L'Homme de Bois qui permettent de longer le versant exposé au nord du rebord du plateau de Grâce. Entre eux, des ruelles de liaison délimitent de petits îlots d'habitat modeste. Une troisième artère s'écarte de la rue des Capucins en direction de la place du Puits. La trame et le bâti sont les mêmes depuis au moins deux siècles et leurs caractéristiques sont emblématiques du tissu urbain de la ville historique.

Le pan de bois régna en maître dans la construction jusqu'au XIXe siècle, la plupart du temps masqué par un essentage de tuiles de châtaignier ou d'ardoises. La brique y a pris une place croissante ensuite. Les maisons assez étroites de façade et irrégulières, avec un étage et un comble mansardé, ont été sans cesse l'objet de petites retouches plus ou moins habiles, souvent d'agrandissement du côté cour, aboutissant à des imbrications de bâtiments d'une incroyable complexité.

Etienne Deville, Honfleur. *La rue Varin, début XXe siècle.* BML

Rue de L'Homme de Bois. Musée Eugène Boudin, Honfleur

La promiscuité et l'inconfort matériel furent la règle jusqu'à ce que commence dans les années 1960 la migration des familles vers la périphérie urbaine avec la construction des premiers lotissements (celui de la rue de Verdun) et les constructions d'HLM. A partir des années 70, s'amorça une « gentrification » rampante favorisée par la loi Malraux qui permit de défiscaliser les investissements dans l'immobilier ancien.

Quelques immeubles de facture plus soignée, en pierre et brique, rompaient l'homogénéité de ce médiocre bâti, souvent dissimulés dans des cours intérieures. Ils témoignent dans ce quartier de l'existence autrefois d'une véritable « mixité urbaine ». C'est cette mixité que la politique patrimoniale doit viser à sauvegarder en dépit de la logique actuelle du marché immobilier.

Une maison de la rue Barbel. SVH

Le manoir de Quiquengrogne, XVIIe siècle. SVH

Un immeuble XVIIe siècle et cour rue des Lingots. SVH

La rue des Lingots. SVH

La grande percée de l'urbanisme des Lumières

De la rue d'Orléans à la rue de la République : une entrée majestueuse pour la ville

Longtemps séparés par le fond humide de la vallée de la Claire, les deux faubourgs de Saint-Léonard et de Sainte-Catherine ont été réunis à la fin du XVIIIe siècle par une nouvelle artère de circulation, la rue d'Orléans (A), prolongée en direction de la côte d'Equemauville par le cours du même nom. L'appellation de rue de la République ne s'imposa qu'après 1881. Cette rue a été successivement, en fonction des régimes politiques, la rue de l'Egalité, la rue Impériale, la rue Royale (sous la Restauration) et de nouveau la rue d'Orléans (sous la Monarchie de Juillet). Cette artère devint l'axe principal de la ville au débouché de la route d'Alençon, de part et d'autre de laquelle furent construits de nombreux immeubles de rapport et quelques beaux hôtels particuliers. Mais la fonction industrielle n'était pas absente : elle s'intercalait entre les immeubles. Pour mieux désenclaver le faubourg Saint-Léonard une percée reliant la place Saint-Léonard à la rue d'Orléans fut réalisée en 1840 sous le nom de rue Cachin (B), l'ingénieur des Ponts et Chaussées qui conçut, à la fin du XVIIIe siècle, le projet de rénovation de l'ensemble de la trame viaire de la ville. La rue Jean Denis (D) de la même époque permit de rejoindre à partir de la place (C), la rue des Buttes en son milieu. La place Albert Sorel, appellation qui lui fut donnée à la fin des années 1920 en hommage à l'académicien d'origine honfleuraise décédé en 1922, marquait la limite de la rue au sud. Un immeuble récent au parement en briques et ciment ocre présente une volu-

La rue de la République au début du XXe siècle.
Musée Eugène Boudin, Honfleur

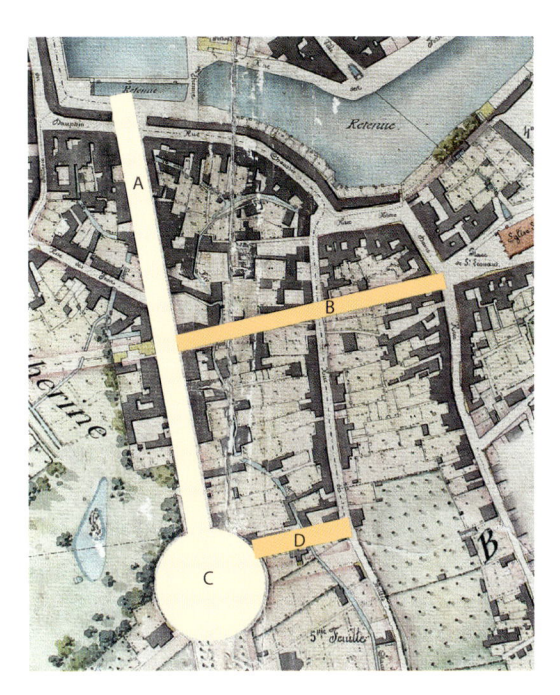

Plan Cachin de 1837. AM

Le monument aux morts érigé au lendemain de la Première Guerre mondiale. SVH

La fontaine, récemment installée, de la place Albert Sorel fait face au monument aux morts. SVH

Deux immeubles font fonction de porte d'entrée du centre ville et marquent la limite du secteur sauvegardé. SVH

métrie qui fait le pendant à l'ancien immeuble du milieu du XIXe siècle de l'autre côté de la rue. Ils font fonction aujourd'hui de « porte » monumentale pour la ville ancienne. Ils constituent aussi la limite au sud du secteur sauvegardé.

La place de la Rampe ou place du Crucifix

Appellation disparue mais réalité toujours présente dans le tissu urbain de la vieille ville. C'est en fait un de ses carrefours majeurs qui connecte des rues issues de plusieurs générations d'aménagement urbain : la rue de la Chaussée et la rue du Dauphin, deux sections du chemin qui longeait au XVIe siècle la contrescarpe depuis la porte de Rouen jusqu'à la porte de Caen, la seule voie qui reliait autrefois les

1. **Louis Garneray,** Vue du port de Honfleur, prise du bas de la rue Royale, *vers 1824.* Chambre de commerce et d'industrie de Paris © Paris, CCI

5. *La rue du Dauphin.* Musée Eugène Boudin, Honfleur

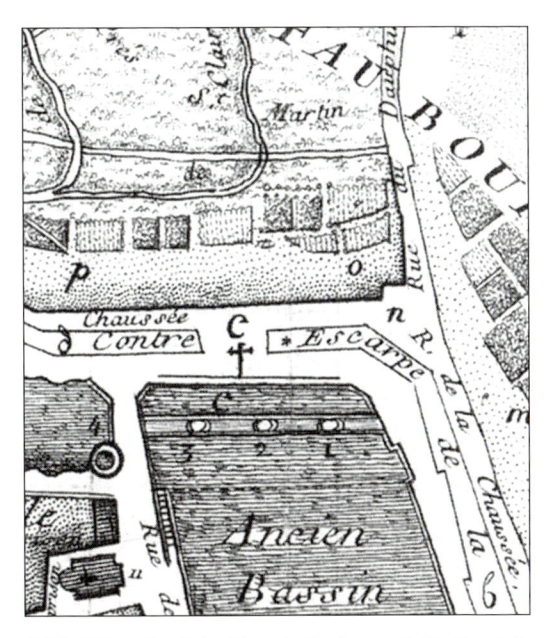

deux faubourgs Saint-Léonard et Sainte-Catherine sans passer par l'Enclos. De part et d'autre de ce chemin ont été construites des petites maisons à partir du déclassement des fortifications au début du XVIIe siècle.

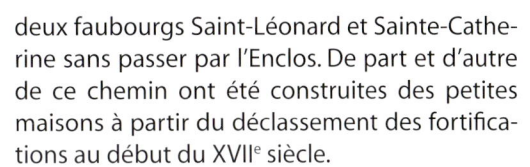

Lorsque Colbert a fait aménager le bassin de l'ouest, ont été créés les quais Sainte-Catherine et Saint-Etienne qui rejoignaient à cet endroit, chacun par une rampe, le sommet de la contrescarpe. Sous celles-ci passaient les conduites qui permettaient aux eaux de la Claire, retenues en amont dans « l'étang de Madame », de se déverser dans le bassin par un canal doté de trois écluses dont les crémaillères étaient protégées par des tourelles en bois.

A partir de la fin du XVIIIe siècle, à la place de l'ancien étang devenu au fil du temps un pré humide de fond de vallée, a été ouverte la rue d'Orléans (devenue ultérieurement la rue de la République), perpendiculaire aux quatre autres. Devant le parapet qui bordait les rampes au-dessus du canal d'amenée des eaux du fossé et de la Claire permettant de faire des chasses dans le bassin, était placé depuis le XVIIIe siècle un crucifix. La chaussée était alors un peu plus basse qu'aujourd'hui, comme le révèle la présence des fondations de la maison à gauche de la place (1), qui ne sont plus visibles de nos jours.

Aujourd'hui la disposition des rues est quasiment identique ; les deux rampes ont cependant été intégrées au quai Sainte-Catherine et au quai Montpensier (rue qui conduit à la porte de Rouen). Le crucifix a disparu.

2. Détail d'un plan de la ville et des faubourgs de Honfleur telle qu'elle était jusqu'en 1770.
Musée Eugène Boudin, Honfleur. Photo H. Brauner

3. La petite poissonnerie. SVH

4. Eugène Boudin, La petite poissonnerie à Honfleur. SVH

■ L'extrait d'un plan de la fin du XVIIIe siècle permet de situer la place du Crucifix avant l'ouverture de la rue d'Orléans (2).
Une fois celle-ci ouverte, les immeubles de rapport se sont multipliés de part et d'autre, formant un alignement presque continu jusqu'à la place Albert Sorel (photo page 102).
Sur la plateforme recouvrant le canal d'amenée, en contrebas de la rampe, la ville a fait construire sous le Second Empire des petites poissonneries (3) qu'immortalisa le peintre Eugène Boudin (4). Celles-ci ont été fermées et démolies en 1936.
La rue du Dauphin, ancien chemin de la contrescarpe est bordée le long du talus par des immeubles qui ont leur autre façade sur le quai Sainte-Catherine (5). ■

Autour de la place Albert Sorel

De belles demeures bourgeoises ou des édifices qui témoignent d'une recherche architecturale et stylistique s'intercalent dans un bâti plus banal (immeubles de rapport, modestes maisons de ville) de part et d'autre de cette place qui marque la jonction entre la rue et le cours de la République. Les grandes maisons bourgeoises qui prennent parfois l'aspect de petits châteaux aux marges de l'espace urbanisé du XIXe siècle, ont toutes perdu leur fonction résidentielle initiale. Elles abritent, soit des services publics, soit des activités de services à caractère privé (étude notariale, hôtel). Seul l'immeuble de la Caisse d'Epargne a été construit spécifiquement pour cette institution financière à laquelle il reste encore attaché.

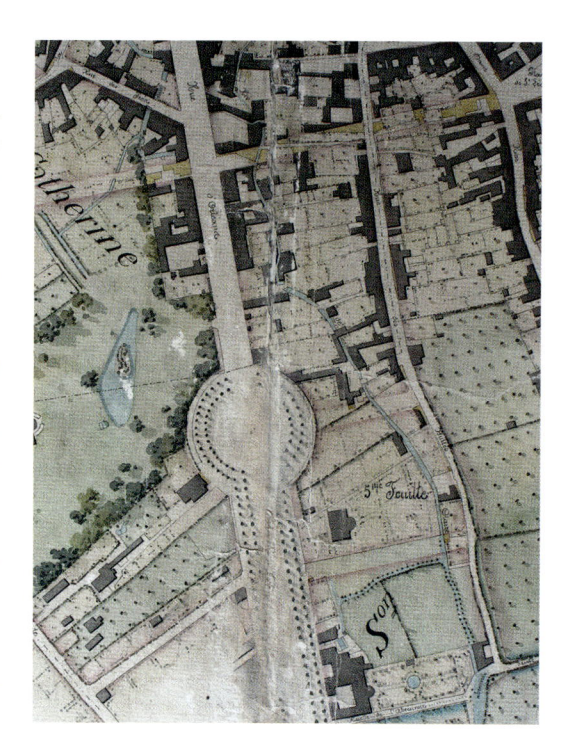

Détail du plan de 1837. AMH

La maison du Bouloir

Belle villa de style néopalladien, à deux étages, initialement peinte en rose avec un toit en terrasse. La façade, côté jardin, présente une rotonde centrale de part et d'autre de laquelle s'ouvrait en rez-de-chaussée une galerie. Colonnes, pilastres et harpes de pierre aux angles rythment cette façade. Construite par la famille de Naguet, elle devint ensuite propriété d'Hugues Sorel, fabricant de savon de Marseille. Elle était entourée d'un parc qui descendait jusqu'à la rue de la République. Elle fut achetée dans les années 1930 par les chanoinesses de Saint-Augustin pour rouvrir un pensionnat catholique de jeunes filles. Celles-ci firent rehausser l'édifice afin de créer des classes, une chapelle et un dortoir. La perception, des classes d'école publique élémentaire et une garderie parentale l'occupent aujourd'hui.

En haut ; la maison du Bouloir vers 1900. SVH
Ci-contre : la maison du Bouloir aujourd'hui. SVH

La Caisse d'Epargne

Fondée en 1835, la Caisse d'Epargne s'installa d'abord dans une des salles du rez-de-chaussée de la mairie qui venait d'être inaugurée. Elle y resta jusqu'à la construction de cet édifice en 1912, destiné à rendre visible sa réussite et sa prospérité, d'affirmer son rôle dans la vie économique et sociale face à la Banque de France située en face.

Le choix du projet architectural fit débat au sein du jury mais aussi de la population à qui furent présentées à l'Hôtel de Ville les différentes propositions. Le peintre Léon Leclerc, secrétaire du Vieux Honfleur, défendit dans la presse locale un projet de style normand *« qui évitait à la fois la pauvreté et la prétention »* et critiqua vivement un projet de style Louis XIII ou celui de l'architecte Rouennais Pierre Lefebvre qui fut finalement retenu. Il y voyait *« un morceau de château, prétentieux, banal, mal proportionné avec une toiture centrale qui présente une hauteur exagérée qui écrase l'édifice »*.

La maison Dubourg

Ce bel hôtel particulier de style Empire construit au début du XIXe siècle fit partie de la dot de l'épouse de Jean Armand Coudre Lacoudrais, propriétaire associé à son cousin Olivier Lecarpentier de la raffinerie de sucre. Par héritage, elle passa à son neveu Victor Dubourg, surnommé par les Honfleurais « ventre d'or », puis après son décès en 1870 à son gendre Henry Goulley, propriétaire de la scierie située en face l'immeuble. L'immeuble offre une façade en brique et pierre avec un étage et un attique*, rythmé par un avant-corps en pierre blanche, s'ouvrant au rez-de-chaussée sur un perron par trois portes en plein-cintre.

La propriété fut vendue à la fin du XIXe siècle à la Banque de France qui y installa une agence en raison de l'importance de l'activité industrielle et portuaire de la ville (premier port de commerce du Calvados jusqu'au début des années 1880). Après sa fermeture au début des années 1970, elle a été rachetée par la ville pour y installer la Poste.

Du cours d'Orléans au cours Albert Manuel

Le cours Albert Manuel (ex-cours d'Orléans) commence à la place Albert Manuel et conduit jusqu'aux limites de l'agglomération au bas de la côte d'Equemauville, route rectiligne à pente régulière, bordée de marronniers qui permet de gagner le plateau et le bourg de la commune d'Equemauville.

Aujourd'hui les contre-allées du cours Albert Manuel sont bordées d'un bâti résidentiel très composite où alternent des immeubles de rapport de plusieurs étages, de plus ou moins belle facture, quelques belles demeures bourgeoises, des petites maisons basses, un ensemble résidentiel Le Vert Feuillage, des pavillons de lotissement des années 1950, de même qu'une école représentative de l'architecture moderne, construite sur l'assise foncière d'une usine chimique, désaffectée en 2008 et démolie en 2017… Seule la voirie avec son mobilier et ses plantations latérales de platanes, donne une unité à l'ensemble et lorsqu'on regarde cette grande artère rectiligne depuis la côte d'Equemauville, une certaine harmonie et une belle perspective se dégage puisqu'elle s'ouvre directement sur le Vieux Bassin par la rue de la République qui la prolonge.

Cette situation résulte des conditions dans lesquelles a été réalisée l'extension de l'espace urbain vers le sud depuis la fin du XVIIIe siècle. Cet axe urbain n'avait pas initialement de vocation de polarisation résidentielle : au contraire, aboutissement de la nouvelle route royale

Le cours bordé d'ormes centenaires à la Belle Epoque. Pendant la Seconde Guerre mondiale, les troupes d'occupation allemandes les firent couper pour dégager la vue sur la ville depuis leur poste d'observation en haut de la côte d'Equemauville. Le cours a été replanté au lendemain de la guerre.
Musée Eugène Boudin, Honfleur

Alençon-Honfleur, principale artère de circulation unissant le sud et le nord du Pays d'Auge, il avait attiré les premières implantations d'entreprises industrielles de la ville : raffinerie de sucre, fabrique de charpentes et parquets, usine chimique ainsi que des abattoirs… Cependant, à partir du Second Empire, l'activité industrielle se recentrant autour des nouveaux bassins de commerce pour former une véritable zone industrialo-portuaire, les constructions résidentielles se sont alors imposées au hasard des ventes et des partages du foncier sans un projet d'ensemble qui aurait pu donner une unité architecturale à cet axe majeur de l'espace urbain.

La propriété bourgeoise d'Albert Sorel. SVH

Le cours de la République. SVH

La propriété bourgeoise d'Arthur Boudin. SVH

La Côte de Grâce

Vieux hôtels, châteaux et villas des hauts de Grâce

Lorsqu'on parcourt le rebord du plateau en automobile depuis le carrefour de la Croix Rouge jusqu'à la chapelle de Grâce, que l'on poursuive sa route vers le Val de la Reine ou que l'on redescende vers la vieille ville par la charrière de Grâce, c'est une atmosphère particulière faite de calme et de douceur que l'on ressent. Se succèdent le long de la ligne de crête de belles résidences avec des vues différentes sur la vallée de la Claire ou l'estuaire, dissimulées au regard pour la plupart par des murs ou des haies.

Vue aérienne oblique de la Côte de Grâce. SVH
1. La chapelle Notre-Dame de Grâce.
2. Le château de Grâce.
3. Ancien château de la Tour.
4. Le pavillon Louis Philippe.
5. Hôtel du Mont-Joli.
6. Le château du Mont-Joli.

Le temps semble s'être arrêté depuis le XIXe siècle où les hauts de Grâce accueillaient une grande bourgeoisie désireuse d'un cadre champêtre qui permettait de conserver un regard sur la ville industrieuse et son port. Des hôtels s'y étaient ouverts (on en comptait six à la Belle Epoque) pour accueillir une clientèle aisée qui venait faire ses dévotions à Notre-Dame de Grâce ou profiter de l'atmosphère paisible et de la vue sur l'estuaire.

Les milieux populaires investissaient aussi les lieux, d'abord épisodiquement au XIXe siècle, en particulier, la chapelle et ses abords au moment de la fête des marins ou des temps forts du culte marial pendant l'année liturgique, puis plus régulièrement dans la première moitié du XXe siècle, attirés par la ferme auberge de la Grande Cour où l'on se rendait en famille le dimanche après-midi, boire une bolée de cidre, jouer ou danser après avoir assisté au match de football sur le stade du Mont-Joli aménagé pendant l'entre-deux-guerres.

Le château de la Côte de Grâce

Construit en 1840 à l'initiative du comte Perthuis de Laillevault il offre tous les traits du style troubadour, caractéristique des villas qui se construisaient sur le front de mer des stations balnéaires dont le développement commençait sous la monarchie de Juillet. Il s'agit en fait d'un pastiche du style Louis XIII reconnaissable à l'usage de la brique et de la pierre en chaînage, des travées et du toit à la française. La fantaisie était introduite par la tour polygonale en avant corps.

C'était dans le pavillon du jardinier situé dans cette propriété, en bordure de la route du Mont-Joli que Louis-Philippe et la reine Marie-Amélie trouvèrent refuge en 1848 avant de gagner l'Angleterre. Le château fut ensuite acquis par Olivier Lecarpentier, un riche armateur et industriel lié à la famille Lacoudrais, maire de Honfleur à trois reprises (1830-1835, 1846-1848, 1849-1851), et conseiller général du Calvados.

Vendu au début du XXᵉ siècle au prince polonais Czartorysky, la propriété fut démembrée à sa mort. Le château fut vendu et devint provisoirement une annexe de l'hôtellerie de monsieur Lechat.

Complètement détruit par un incendie en 1993, il a fait l'objet d'une belle reconstruction par les actuels propriétaires.

Le pavillon Louis Philippe, dernière étape sur la route de l'exil pour le couple royal en février 1848. SVH

Les grilles en fer forgé) qui marquaient au XIXᵉ siècle l'entrée du parc du château portent le monogramme SL, pour Sorel-Lecarpentier. La fille d'Olivier le Carpentier, Mathilde, épousa en effet Emile Sorel, un industriel propriétaire d'une usine de savon de Marseille. Leur fils, né en 1842, Albert Sorel, historien et académicien, fit de fréquents séjours chez son grand-père pendant sa jeunesse. SVH

Le château aujourd'hui. SVH

Le château du Mont-Joli

C'est en fait une grande villa inspirée du style géorgien avec porche à l'antique en façade principale et une galerie sur la façade arrière, véritable belvédère sur la ville et l'estuaire de la Seine. Elle a été construite par le baron de Ville d'Avray, garde-robe du roi, sous la Restauration, au début des années 1820. Elle est restée dans cette famille peu de temps puisque dès 1856 elle a été vendue par sa petite fille à un Rouennais, Pierre Antoine Lefèvre.

De nombreux propriétaires se sont succédés : l'un d'entre-eux au début du XXe siècle a transformé la villa en hôtel (Le Panoramic Hôtel) et a fait construire une grande galerie en prolongement de la façade arrière.

Les actuels propriétaires ont fait restaurer les façades dans un ton pastel et réhabiliter le parc en mettant en valeur l'ancien pédiluve.

La façade actuelle. SVH

La pédiluve. SVH

La façade de la galerie du Panoramic Hôtel vers 1900. SVH

L'hôtel du Mont-Joli, l'hôtel Panoramique sont deux éléments du parc hôtelier qui s'était constitué de part et d'autre de la route d'accès à la chapelle. Certains immeubles ont disparu comme celui de l'hôtel de la Renaissance, les autres ont été reconvertis en appartements ou sont devenus des propriétés particulières comme le château du Mont-Joli. Ils sont les témoins souvent méconnus de la vie touristique à Honfleur à la fin du XIXe et au début du XXe siècle. *Musée Eugène Boudin, Honfleur*

Les deux tours marquaient l'entrée du parc au fond duquel avait été érigé un château à l'initiative de l'industriel Edmond Duchesne. Il était appelé château de la Tour en raison de sa rotonde monumentale couronnée d'une coupole que l'on voyait depuis le centre ville. Cet édifice a été rasé au début des années 1960 pour laisser place à une grande villa sans caractère. *Musée Eugène Boudin, Honfleur*

Un haut lieu de la mémoire honfleuraise : la chapelle Notre-Dame de Grâce

Bien que située sur la commune d'Equemauville, la chapelle Notre-Dame de Grâce fait partie du patrimoine honfleurais. La chapelle et ses abords sont propriété privée de la commune de Honfleur (don d'un collectif animé par Joseph Cachin, ancien maire de la ville, qui avait racheté le lieu de culte devenu à la Révolution bien national). La chapelle est classée monument historique seulement depuis 1938 mais ses abords sont inscrits à l'inventaire des sites classés depuis 1918. De fait, son environnement boisé d'arbres séculaires, compose avec la chapelle un ensemble unique, propice à la méditation et au recueillement quand les festivités de la Pentecôte ne transforment pas le lieu en champ de fête foraine. Son belvédère sur l'estuaire de la Seine offre un point de vue exceptionnel.

Au début du XIXe siècle les peintres paysagistes se sont emparés de ce haut lieu de la mémoire honfleuraise et l'ont fait connaître à travers leurs œuvres et les reproductions qui ont été éditées.

> « On l'a dit du plateau de Grâce, en évoquant le mot de Barrès : un haut lieu où souffle l'esprit. Ici, lorsque avec l'arrière-saison les caravanes de pèlerins et de touristes ont cessé leurs migrations et que les lieux retrouvent leur majesté et leur silence, lorsque les teintes d'automne empourprent les feuillages, lorsque les bruits seuls de la mer et du vent parviennent jusqu'au sommet et au clocher de la chapelle, lorsqu'enfin la Normandie est rendue à sa plénitude, il est permis de méditer à l'ombre du sanctuaire où l'esprit reprend ses droits. Si l'on gagne, au-delà du calvaire la balustrade qui forme rempart contre le vide et chaos des arbres précipités vers la grève, l'estuaire surgit dans sa mélancolie et la symphonie de ses gris et de ses argents. Il s'ouvre à l'ouest vers le large ; il pénètre à l'opposé dans les terres, où commencent les méandres du fleuve. Il est l'attrait du continent vers l'infini des lointains ; il est le gîte offert aux aventuriers de l'Océan ; il est tout à la fois tendresse, mystère insondable »
> Jean-Albert Sorel, *Là où souffle l'esprit,* Art de Basse-Normandie XXXI

Louis Garneray, **Vue de Honfleur prise de la Côte Notre Dame de Grâce.** Musée Eugène Boudin, Honfleur. Photo H. Brauner
La charrière de Grâce est ouverte à la circulation au milieu du XIXe siècle ; elle n'est pas encore enfouie sous les frondaisons des arbres aujourd'hui centenaires qui la bordent et qui ne permettent plus cette ouverture sur le paysage urbain honfleurais et l'ancienne baie de Saint-Sauveur. Faut-il le regretter ?

Gabrièle Smargiassi, **Honfleur, vue de la Côte de Grâce**, *1830.*
Musée Eugène Boudin, Honfleur. Photo H. Brauner

Le belvédère de la Côte de Grâce. SVH

Le bois qui entoure l'oratoire n'est pas issu de la forêt primitive. Lorsque la chapelle a été reconstruite, il n'y avait qu'une simple pelouse calcaire. Les premiers arbres plantés furent des ormes offerts par l'abbesse de Montivilliers. Aujourd'hui ce sont les marronniers qui dominent. Le premier calvaire avait été érigé par les Capucins vers 1660. L'actuel date de 1953 mais a été restauré depuis à plusieurs reprises. SVH

La chapelle Notre-Dame de Grâce.

Ce site est depuis un millénaire voué au culte marial. Un prieuré existait au XIe siècle : il fut donné en 1023 par Richard II à l'abbaye Notre-Dame de Saint-Riquier-en-Ponthieu (diocèse d'Amiens).

1. *La chapelle de Grâce à la fin du XVIIIe siècle. Droits réservés.*

Louis XI en transféra le patrimoine spirituel à la collégiale de Notre Dame de Cléry en 1578. Un éboulement de la falaise mit fin à ce premier édifice dont la croix plantée face à l'estuaire perpétue en quelque sorte le souvenir.

Le souvenir resté vivant de cet oratoire dont une statue de la Vierge avait échappé à la destruction, conduisit des « bourgeois » de Honfleur, Pierre Gonnier, employé au magasin à sel, puis Jean le Bys, dans le contexte du grand élan de foi catholique après les guerres de reli-

La chapelle de Grâce au début du XXe siècle. SVH

La chapelle aujourd'hui. SVH

3. La statue de Notre-Dame de Grâce. SVH

2. L'autel et le retable de la chapelle. SVH

■ L'intérieur, dans un volume modeste, offre le charme d'un sanctuaire marial. L'autel et le retable dans le chœur principal sont de style classique (2). Le retable est formé d'une colonnade corinthienne en hémicycle.
La principale statue de la Vierge occupe un pan coupé du croisillon du côté de l'ambon* (3). Elle est recouverte d'un voile de dentelle ou vêtue d'une cape brodée. Elle attire tout de suite les regards par les bougies sans cesse renouvelées qui brûlent à ses pieds. Elle pourrait provenir de l'autel nord de l'église Sainte-Catherine. Une autre vierge, de petite taille et en ivoire, offerte par la reine Marie-Amélie avant son exil pour l'Angleterre, est fixée sur la porte du tabernacle du maître-autel. ■

---

gion, à faire des dons pour en assurer la reconstruction sur un terrain, un peu en retrait de la falaise, appartenant à la duchesse de Montpensier. L'édifice fut achevé vers 1613. C'était alors un petit bâtiment rectangulaire couvert de chaume. Le gouverneur et des nobles des paroisses environnantes prirent le relais : dès 1625, le chaume de la couverture fut remplacé par de l'ardoise grâce à la générosité de Georges de Brancas et l'on donna figure de chapelle à cette sorte de grange, en faisant précéder la nef d'un petit porche semi-circulaire, percé de trois ouvertures cintrées et couvert d'un dôme, puis en ajoutant un clocher formé d'une tour carrée en pierre. Cette tour fut coiffée par une pittoresque superposition de trois coupoles de diamètre décroissant et reliées par de petites tours cylindriques, le tout recouvert d'ardoises. En 1651 et 1652, le sieur de la Rivière et de Meautry et le marquis de Fatouville d'Hébertot, firent édifier les deux chapelles latérales formant transept, donnant à l'édifice son plan en croix grecque. En 1656, le comte de Cérillac donna une cloche. Ensuite la famille de Saint-Georges de Pennedepie fit construire la tribune. Par la suite, la chapelle ne subit aucune autre transformation mais seulement des restaurations partielles.

Ce fut aux moines Capucins qui venaient de s'installer à Honfleur que Marie de Bourbon confia en 1620 la chapelle avec pour mission de s'occuper des pèlerins et des pèlerinages. Toute une tradition orale relatant des sauvetages miraculeux a alimenté la dévotion des gens de mer dont la religiosité se manifeste par l'offrande d'ex-voto en remerciements de la protection accordée par Notre-Dame de Grâce. Pour les besoins du pèlerinage, les Capucins firent édifier près du porche un petit logement transformé ensuite en hospice (1). Des boutiques ont été plus tard construites de l'autre côté. Le bâtiment de l'hospice a été détruit à la fin du XIXe siècle, les boutiques après la Seconde Guerre mondiale.

A la jonction de la ville historique et des quartiers portuaires du XIXe siècle

Le devenir de la tour aux Poudres devant le havre Neuf : premier débat patrimonial à Honfleur dans les années 1840

Le souvenir de cette tour reste toujours présent dans l'espace honfleurais grâce au nom donné au XIXe siècle au quai qui longeait la partie ouest du Havre Neuf, le quai de la Tour. Plus récemment une stèle en souvenir des libérateurs de Honfleur à la fin de la seconde guerre mondiale a été installée à son emplacement. Maigre consolation pour un édifice dont la démolition eut lieu en 1845 après un débat très vif entre les partisans de sa conservation et ceux, majoritaires, qui en souhaitaient la disparition.

Si le grand tournant patrimonial en France date de la Révolution et de la prise de conscience des risques « du vandalisme » au moment où se réalisa un massif transfert de propriété, ce fut seulement sous la monarchie de Juillet que l'Etat se dota des premiers outils permettant un recensement de ce qui devait être conservé. Cette initiative fut encouragée puis relayée par les associations comme celle des Antiquaires de Normandie fondée par Arcisse de Caumont. Ce furent des représentants de cette nouvelle institution culturelle que vinrent les premiers défenseurs du patrimoine Honfleurais. Leur premier combat fut un échec.

En effet, le premier débat à Honfleur autour de la question du patrimoine concerna la tour aux Poudres. Conformément au plan d'aménagement de l'avant port et l'entrée du havre neuf dont les premiers travaux commencèrent sous le Ier Empire, celle-ci devait disparaître au même titre que l'Hôtel du Gouverneur et la Lieutenance. Le sort de l'Hôtel du Gouverneur qui servait de mairie depuis le début de la Révolution fut vite réglé sous la Restauration, son état de ruines ne suscitant aucune réaction de défense. Le cas de la Lieutenance n'était plus d'actualité — mais sa démolition dans la première moitié du siècle n'aurait probablement pas suscité beaucoup d'émoi — depuis que le ministre des Travaux publics avait décidé en 1808 d'y installer l'ingénieur des Ponts et Chaussées et ses services. Restait la tour aux Poudres dont A. Labutte et le journal *L'Echo honfleurais* se firent le défenseur. Les arguments déployés sont ceux que les services du patrimoine pourraient encore utiliser aujourd'hui.

La tour aux Poudres ou tour Frileuse

C'était l'un des principaux ouvrages de défense du fort de Honfleur construit entre 1369 (tour Carrée) et 1398, date à laquelle on trouve la mention dans un devis de la « Neufve tour ».

Des travaux importants, dont on ne connaît pas la nature mais vraisemblablement destinés à la remettre en état après les affrontements de années 1417 à 1419 ainsi que son boulevard, eurent lieu sur cette tour pendant les cinq premières années de l'occupation anglaise, de 1419 à 1424 d'après l'historien Jean Mallon.

A l'époque moderne, elle servit surtout à entreposer la poudre que les navires rentrant dans le port de Honfleur, devaient remettre aux autorités pour des raisons de sécurité (les navires de commerce qui pratiquaient le commerce en droiture vers les Antilles ou le Canada, ou encore la traite négrière au XVIIIe siècle, étaient dotés de canons.)

A.-V. Joinville (1801-1849), Honfleur , la tour aux Poudres, 1827, huile sur panneau, 32 x 27cm. Don de G. Ruel.
Vue depuis le pertuis du Havre Neuf, franchissable par un pont à chèvre. Le bâtiment à droite avec ses lucarnes munies de barreaux, était la halle à blé. En arrière-plan, le clocher de l'église Saint-Léonard. *Musée Eugène Boudin, Honfleur*

Aujourd'hui. L'angle de vue est à peu près le même que celui du peintre. A l'emplacement de la tour aux Poudres, une stèle en souvenir des victimes alliées au cours de la libération de Honfleur en août 1944. Le pignon de l'immeuble avec son toit à croupe toujours reconnaissable.

Le débat

Lettre d'un antiquaire adressée à *L'Echo Honfleurais* et reproduite dans le numéro du 13 avril 1845 :

« Je ne vois en aucune façon la nécessité de démolir ce monument, seul reste à peu près complet de l'ancien Honfleur. Si par sa position il empêchait l'ouverture d'une rue ou d'une place, s'il menaçait la sûreté publique, s'il gênait la circulation, cette mesure serait excellente mais ce n'est point le cas.

Dans *L'Echo honfleurais* du 15 juin 1845, on en donne la description suivante :

« Avant de s'introduire dans la tour, il y a une petite cour qui précède, dans laquelle est construit un hangar à droite en entrant et adossé à la tour. Il y a vingt-cinq marches à monter pour arriver à une porte ouvrant sur un palier. Sur ce palier, la première porte qui se présente donne accès, en descendant huit marches, dans une chambre planchéiée. Il y a dans cette chambre une petite trappe par laquelle on descend dans un caveau carré ayant 2,18 m sur 1,90 m. A gauche de la première chambre, il y a un escalier tournant ayant douze marches, qui probablement conduisait au souterrain communiquant par-dessous les remparts à la tour Carrée qui se trouvait à l'entrée du vieux bassin ; mais au bas de cet escalier il y a de la terre qui empêche de connaître s'il descendait plus avant. Du premier palier au second, il y a quatre marches. Là il y a une seconde porte pour entrer dans la tour. Vis-à-vis de cette porte se trouve une seconde porte fermant une très grande chambre voûtée. A droite en entrant dans la tour, sur le second palier se trouve un escalier tournant, de 28°, par lequel on arrive sur le haut de la tour qui est pavé en dos d'âne. Le haut de la tour est percé de quatre embrasures et de deux meurtrières, et la tour a à peu près 14 m d'élévation ».

On veut démolir...parce qu'on veut démolir, parce que démolir est l'idée fixe de beaucoup de nos concitoyens et cela depuis nombre d'années.
L'église Notre-Dame y a passé, on la regrette, l'église Sainte-Catherine même doit y passer, elle serait regrettée aussi si cela avait lieu et après tout par quoi remplacera-t-on toutes ces vieilleries, ainsi que quelques personnes veulent bien les appeler? Par des monuments informes et sans style. Voyez pour vous en convaincre la nouvelle bâtisse du couvent qu'on veut bien décorer du nom de chapelle (la chapelle du pensionnat des Augustines construite en 1843) et qui n'est qu'un amas de briques et de cailloux entassés les uns sur les autres sans aucune espèce de goût, et masqués par une méchante façade plâtrée et imagée d'après les enluminures que l'on vend sur la côte, à la pentecôte aux bons paysans qui viennent nous visiter. Voilà l'échantillon des édifices que nous devons espérer voir un jour s'élever dans nos murs…
[…] Je n'en finirais pas si je citais tous les monuments antiques qui sont conservés, restaurés et complétés de toutes parts et parmi les quels il en est de beaucoup moins remarquables que notre vieille Tour aux Poudres.
Que de pareils exemples (tour du donjon du vieux château de Rouen, tour du château d'Harcourt à Lillebonne, l'église de l'abbaye de Saint-Wandrille…) empêchent sa démolition projetée ou au moins avant d'y procéder que l'administration municipale consulte la société des Antiquaires de Normandie. Si ce monument n'a point tout l'intérêt artistique que je lui suppose, on l'abattra mais s'il vaut quelque chose comme antiquité (et pour en juger il ne suffit pas d'être conseiller municipal) qu'on n'ait pas un jour à joindre aux regrets qu'on éprouve depuis longtemps d'avoir vu démolir l'église Notre-Dame, celui d'avoir consommé la destruction du seul monument à peu près complet qui nous reste du vieux Honfleur. »

Reproduction d'une lithographie de Th. Henry d'après un dessin de A. Chaucheran. Illustration du livre de A. Labutte, Essai historique sur Honfleur et l'arrondisement de Pont l'évêque, *Imprimerie E. Dupray, 1840.*

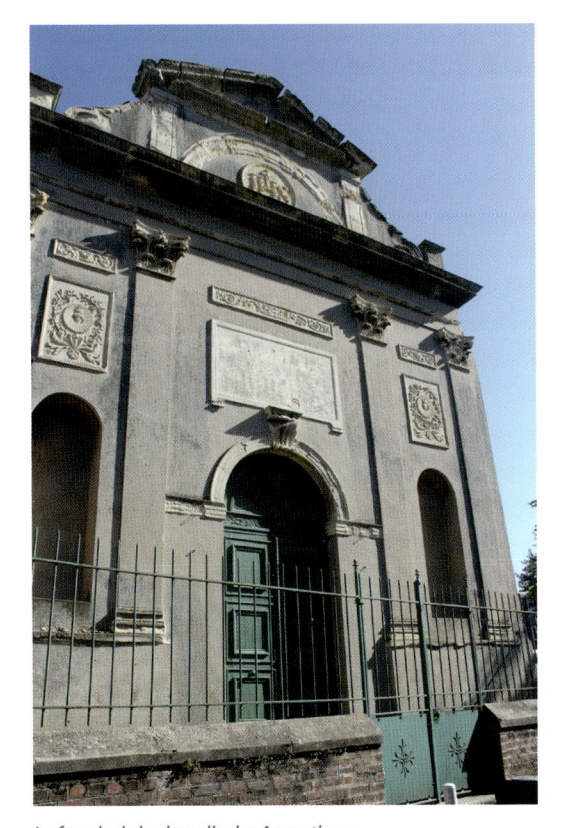

La façade de la chapelle des Augustines.

Le roman et le gothique sont les seuls styles architecturaux dignes d'être préservés !

A. Labutte, probablement l'auteur de La Lettre d'un antiquaire : *un point de vue radical très daté...*

A. Labutte qui milite pour la conservation de la tour Ronde, déplore la démolition de la tour Carrée et de l'église Notre-Dame. Il vitupère contre le fanatisme politique et religieux ainsi que contre l'indifférence stupide, pire à ses yeux que le fanatisme. Il dénonce les transformations de l'église Sainte-Catherine dans les années 1820 : « Sainte-Catherine des bois est une énorme difformité architecturale, où on ne distingue absolument que des formes carrées, sans la moindre trace de plein-cintre ou d'ogive ». En effet, l'habillage à l'Antique initiée par les curés doyens de la paroisse a entraîné « la disparition des gracieuses arabesques qui ornaient la voûte sous le badigeon dont on jaunit les monuments ». Aux yeux de cet auteur, seul le roman et le gothique trouvent grâce parce qu'ils reposent sur deux grands principes : le plein-cintre et l'ogive ; même le style Renaissance qui renvoie au panthéisme grec est rejeté : « Il pare les églises comme des courtisanes empêchant toute manifestation de l'idée de Dieu ! ».

Le quartier portuaire du XIXe siècle

L'ancien bassin du Centre : parking, marina ou GMH (Grand Musée de Honfleur) ?

Il correspond à l'extrémité orientale des fossés qui entouraient l'Enclos. Jusqu'au XVIIe siècle les bateaux venaient s'échouer à l'embouchure des deux bras de la Claire qui enserraient ce banc de sable sur lequel fut construit l'Enclos : le bras situé à l'est était dénommé par les anciens le Port Noir, placé au Moyen Age sous la juridiction de l'abbaye de Grestain.

Des aménagements partiels furent réalisés à la fin du XVIIe siècle pour recevoir les navires chargés de sel qui arrivaient de Brouage afin d'approvisionner les greniers de la ville. On parlait alors de Havre neuf, par rapport au Vieux Bassin. A la fin du XVIIIe siècle, il fut transformé en bassin à flot et reçut le nom de bassin Neuf. Jusqu'en 1848, ce fut le principal bassin de commerce du port. Après l'inauguration du bassin de la République, l'appellation de bassin du Centre remplaça celle de bassin Neuf.

Contrairement au Vieux Bassin, le bassin Neuf n'a jamais été entouré par un alignement d'immeubles jointifs présentant une certaine homogénéité, il le fut seulement par un bâti discontinu, d'aspect très hétérogène, reflet d'activités économiques différenciées mais liées à la présence du bassin : les entrepôts de sel, une scierie, les magasins généraux, des chantiers navals. Deux grands immeubles seulement furent édifiés au début du XIXe siècle à l'extrémité du quai vers l'ouest, dont l'un abrita les douanes.

A la fin du XIXe siècle le bassin fut progressivement délaissé. Aussi, après la Seconde Guerre mondiale, n'a-t-il pas fait l'objet d'un dragage complet qui aurait permis de le remettre en eau. Ce renoncement a conduit à la décision de le combler en 1960.

Le bassin est ainsi devenu un parking d'entrée de ville, aménagé d'abord sommairement, puis de manière plus soignée. Les espaces qui le jouxtent au sud ont bénéficié à la fin des années 1980 d'opérations immobilières qui ont fait disparaître les anciens bâtiments industriels, délaissés ou occupés temporairement par des commerces. Ceux-ci avaient utilisé les surfaces disponibles sans avoir réhabilité les structures existantes : ainsi la résidence des Fontaines Saint-Léonard a-t-elle pris la place de l'ancienne scierie Montreuil dont une partie des bâtiments avait abrité un supermarché et un magasin de meubles. L'opération immobilière qui s'est déroulée en deux grandes phases, a permis la requalification de tout l'îlot, dénommé dans les écrits anciens Mont Saint-Jean, comprenant l'ancienne caserne des pompiers. Cette logique qui consiste à doter les abords du bassin du Centre d'immeubles aux façades soignées avait déjà prévalu à plusieurs reprises : au sud avec le nouvel immeuble des Douanes le long du quai Le Paulmier, au sud-ouest avec un hôtel et l'immeuble de la Sécurité sociale le long du quai de la Tour. A l'est, sur le terre-plein entre le quai Motard du bassin du Centre et le quai Tostain du bassin de la République, du fait de la disparition rapide à partir des années 1980 de tout trafic commercial dans ce dernier, la municipalité a pu obtenir la des-

Détail plan de 1837. AM

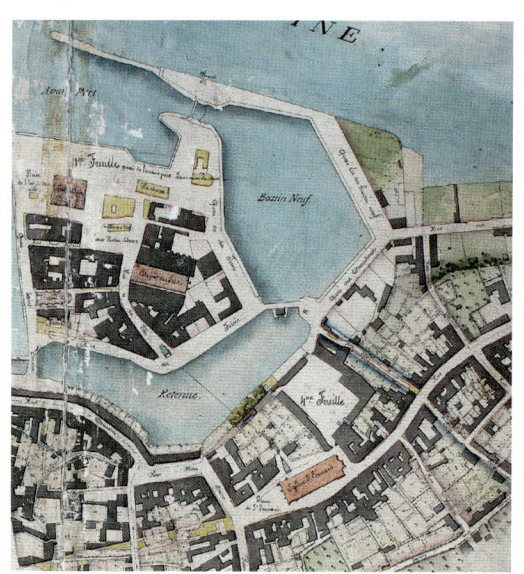

N. M. Ozanne, Le Port Neuf de Honfleur, 1787-1789, extrait des « Vues des principaux ports du Royaume de France ».
Musée Eugène Boudin, Honfleur. Photo Illustria

Le Havre Neuf vers 1890. SVH

truction d'entrepôts et de silos. A leur place, une petite criée à poissons pour la vente en gros a été reconstruite mais n'a servi comme telle que quelques années, victime comme sa sœur aînée de la place Arthur Boudin, du désintérêt des pêcheurs pour ce type de structure. Elle a été louée ensuite à un simple poissonnier qui l'occupe encore aujourd'hui. La gare routière a été aménagée un peu plus loin, permettant de détruire celle qui était établie près de la porte de Rouen. Ce renouvellement du bâti autour du bassin du Centre laisse très largement ouverte la vue sur le bassin de la République et aussi sur le bassin Carnot.

Pour le nouveau maire (élu en 1995) et ceux qui l'ont soutenu, ces aménagements n'étaient pas à la hauteur des enjeux : ils voulaient doter la ville d'un nouveau centre touristique pour doubler celui qui s'était constitué autour du Vieux Bassin et qui était désormais saturé. Recreuser le bassin du Centre et bâtir autour de celui-ci des immeubles avec des commerces en rez-de-chaussée et un marché couvert, devinrent pendant quelques années l'objectif central de la municipalité qui en faisait le pivot de ses grands projets de développement pour la ville. Les nouvelles possibilités d'accueil des plaisanciers (un doublement par rapport à celles offertes à cette date) attireraient une clientèle

En haut, le projet de recreusement partiel de l'ancien bassin du centre. Projet de nouvelle halle. Images de synthèse conçues par l'architecte Stanislas Hennig.

L'immeuble d'habitation à l'angle du cours des Fossés et du quai de la Tour, construit au début du XIXe siècle où vécut le poète Henri de Régnier, est devenu après la Seconde Guerre mondiale le siège de la Chambre de Commerce avant d'être racheté en 2013 par la Communauté de Communes pour en faire son siège, la CCI du pays d'Auge ayant décidé de regrouper ses services à Lisieux. SVH

nouvelle et créeraient une forte demande pour les appartements qui seraient commercialisés. Les détracteurs du projet dénonçaient une nouvelle marina, terme réfuté par le maire qui entendait redonner vie à un quartier portuaire ancien et rééquilibrer le cœur de ville, contrairement au projet de son prédécesseur qui avait souhaité urbaniser autour du bassin de retenue. De fait, le cabinet d'architecture sollicité pour travailler sur le projet s'est efforcé de donner un caractère urbain traditionnel à ce nouveau quartier au risque d'en faire un pastiche du Vieux Bassin. Pour les défenseurs du patrimoine, celui-ci peut apparaître comme incongru, en ce sens qu'il se réclame d'une légitimité historique complètement imaginaire. Il serait bien une innovation et non une restitution d'autant que le bassin recreusé n'aurait ni la même dimension, ni le même pertuis d'accès !

Le projet, bien que périodiquement remis à l'ordre du jour depuis presque vingt ans, n'a toujours pas connu de début de mise en œuvre. Plus que le débat de principe sur le projet, c'est en fait la faiblesse de sa base économique qui a conduit à en reporter sans cesse la réalisation.

D'autant qu'un autre parti d'utilisation de cet espace pourrait s'avérer plus porteur en termes d'image et de retombées économiques. Il offre, en effet, à proximité du centre historique, l'assise foncière correspondant aux besoins d'un grand musée d'art à rayonnement international auquel on pourrait donner une forme authentiquement contemporaine.

Le réaménagement des abords de la vieille ville à l'est : du quartier de la gare au quartier Carnot

L'abandon complet des bassins de commerce intérieurs au début des années 1990, après un lent mais inexorable déclin de leur trafic et la disparition progressive des activités qui gravitaient autour des quais, pose le problème de la reconversion d'une friche portuaire à l'entrée de la ville (bassins proprement dits et terre-pleins autour des quais, entrepôts de marchandises, voies ferrées…) et du bâti à fonction résidentielle ou commerciale étroitement lié à la vie du port. La brique, le bois et le fer noircis par la poussière de charbon, dominaient le paysage. A Honfleur, port d'envergure modeste, aucun bâtiment ne se comparait aux docks du Havre pour lesquels une réhabilitation pouvait être envisagée.

Ici, tout était à abattre ou presque, compte tenu de la médiocrité et de la vétusté des constructions. Comment financer une telle reconversion ? Et d'abord, pour quel usage ?

■ *L'îlot compris entre le quai Tostain et la rue Victor Hugo (1) ayant été détruit, l'espace dégagé a été aménagé en parking pour les cars et en une large chaussée qui prolonge jusqu'au parking du bassin du Centre le cours Jean de Vienne (2).* ■

2. *Le réaménagement de la rue Victor Hugo et du quai Tostain.* SVH

1. *La rue Victor Hugo à gauche et le quai Tostain à droite.* Musée Eugène Boudin, Honfleur

La réponse devait être coordonnée avec celle apportée à la disparition de l'emprise ferroviaire depuis l'extrémité est du bassin de la République jusqu'au quartier du Poudreux à la Rivière Saint-Sauveur.

Les opérations se sont étalées tout au long des années 1980 : l'un après l'autre, les hangars, la meunerie, l'hôtel et quelques maisons ont été rasés. Le long de la rue Victor Hugo ont été construits de nouveaux immeubles à usage résidentiel ou hôtelier avec désormais une vue dégagée sur le bassin de la République car de l'autre côté de la rue, l'espace libéré de ses hangars est réservé au parking des cars pour les lignes régulières ou pour ceux affrétés par les voyagistes. La municipalité a profité de la reconversion du quartier pour doter la ville d'une nouvelle gare des cars en remplacement de celle de la place de la porte de Rouen. Le bassin de la République est alors affecté à l'accueil des bateaux de croisière fluviale qui font la liaison avec Paris.

Au-delà de l'extrémité est du bassin de la République s'est posé dès les années 1970 le problème de la reconversion des espaces occupés par l'emprise ferroviaire et les abords immédiats du quai sud du bassin Carnot. En effet, la SNCF a fermé dès 1971 ses lignes voyageurs. La gare a été désaffectée, les voies ferrées retirées et le trafic marchandise redirigé vers une nouvelle gare située sur les terrains de la ZIPEC. Il a été rapidement décidé de démolir l'ancienne gare et de réaliser sur l'emprise des anciennes voies ferrées une route à quatre voies, depuis le quartier du Poudreux situé dans la commune de la Rivière Saint-Sauveur jusqu'au bassin de la République. Elle était déjà envisagée comme une section de la grande entrée de ville moderne dont rêvait le maire de cette époque, à partir de l'échangeur autoroutier, au pied du futur pont de Normandie, qui n'a été inauguré qu'en 1995.

C'est la pleine période de montée en puissance de l'automobile dont l'usage s'est démocratisé et qui s'impose désormais comme le grand moyen de transport des Français, ce qui explique que la suppression de la gare de voyageurs dont les lignes étaient désertées depuis plus d'une décennie déjà n'ait guère été vécue

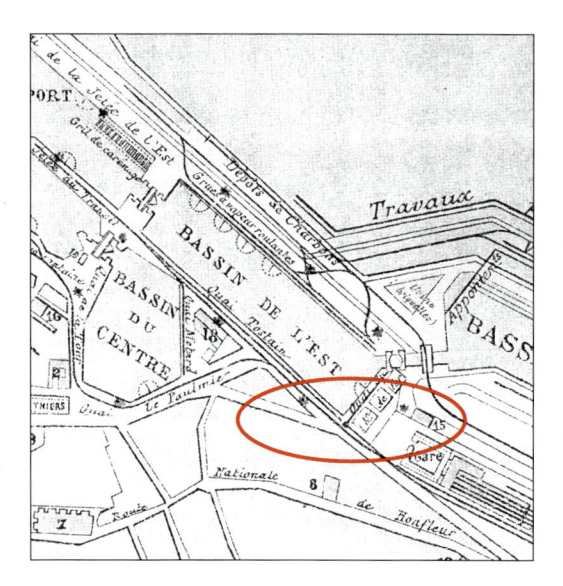

■ Ce plan des années 1930 et cette vue aérienne montrent l'ampleur des transformations de l'usage de l'espace à l'entrée est de Honfleur : disparition des docks, du bassin du Centre, effacement de la rue Victor Hugo, nouvelle ligne d'immeubles. Cependant l'essentiel de la trame viaire, le bassin de l'Est et la forme générale du bassin du Centre, transformé en parking, ont été conservés. SVH ■

La place de la Gare et ses abords au début du XXe siècle.
Musée Eugène Boudin, Honfleur

sur le mode traumatique. Les terrains compris entre la quatre voies et les quais sud du bassin Carnot ont donc été attribués dans cette perspective au développement de moyennes surfaces commerciales, d'entreprises de services pouvant accueillir leur clientèle sur des parkings dotés des dimensions nécessaires. Les chefs d'entreprises de centre-ville ont été invités de manière pressante à délocaliser leurs locaux vers cette zone d'activités commerciales et servicielles desservie par une contre-allée.
La quatre voies a reçu le nom de cours Jean de Vienne. Ce qui fut perçu alors par les Honfleurais comme l'avènement de la modernité urbaine dont ils regrettaient seulement qu'elle fût trop modeste, n'a été que l'alignement de leur entrée de ville sur le modèle des entrées d'agglomération aujourd'hui décrié, producteur de paysages banalisés entièrement voués au culte de la consommation. Le secteur le plus proche du rond-point devant le bassin de la République est resté très longtemps inutilisé après le départ du CET et des derniers entrepôts de bois. La municipalité y a fait réaliser à partir de 2010 un quartier résidentiel et des immeubles destinés à accueillir des services publics dans un style qui se veut un rappel des anciens entrepôts en bois.

Vue aérienne du quartier de la gare vers 1950. Le nouveau quartier Carnot est construit sur l'emprise des établissements industriels compris entre les quais du Bassin Carnot et les voies ferrées. CCI

Le cours Jean de Vienne. SVH

Le nouveau quartier Carnot. SVH

L'ancien bassin de retenue et ses abords en attente

L'ancien bassin de retenue forme aujourd'hui une vaste zone humide largement colonisée par la végétation auquel les élus cherchent une nouvelle fonction au sein de l'espace urbain depuis qu'il ne peut plus servir à faire des chasses dans l'avant-port. A défaut d'être parvenu à mettre en œuvre suffisamment rapidement un projet, la municipalité a laissé l'Etat trancher : il l'a intégré dans le périmètre du réseau Natura 2000. Il reste néanmoins quelques possibilités d'urbanisation sur les marges, notamment au niveau du môle.

Au milieu des années 1990 l'aménagement du bassin de retenue et de ses abords devint un objet de débat. La municipalité Liabastre souhaitait le recreuser pour y transférer ce qui restait d'activités du port de commerce intérieur – projet ancien mais dépassé à bien des égards – et y développer aussi la plaisance : il était prévu de supprimer les écluses de chasse et d'ouvrir un pertuis entre le bassin de retenue et le bassin Carnot, ce qui aurait permis à des navires de 3 000 à 5 000 T. d'y entrer. Un projet immobilier sur le môle, s'apparentant à des marinas aurait permis de financer les travaux portuaires. Des parkings auraient complété les aménagements.

Aussitôt, l'opposition se mobilisa autour de la défense des écluses du bassin de retenue qu'elle entreprit de faire inscrire à l'inventaire supplémentaire des monuments historiques. L'écologie fut convoquée pour la préservation du milieu humide qu'était devenu avec le temps le bassin de retenue. Les élections de 1995 furent l'occasion pour cette opposition qui se regroupait derrière Michel Lamarre de présenter un projet alternatif : celui du recreusement du bassin du Centre (page 120).

Le bassin de retenue devait devenir une zone naturelle protégée pour la nidification des oiseaux, pour la protection de la flore et de la faune, mais en même temps il fallait aussi en faire, une « cité de la mer », un espace réservé pour des activités tertiaires, touristiques et scientifiques. Des plans d'aménagement ont été réalisés pour la nouvelle municipalité mais ils n'ont encore, à ce jour, débouché sur aucune réalisation concrète, si ce n'est la transformation du môle en vaste zone de stationnement pour les voitures particulières et les camping-cars. Le classement du bassin dans le périmètre du réseau Natura 2000 depuis 2008 limite désormais fortement le champ des possibles.

Projet de cité de la mer 1997. Représentation d'architecte. Bulletin municipal. SVH

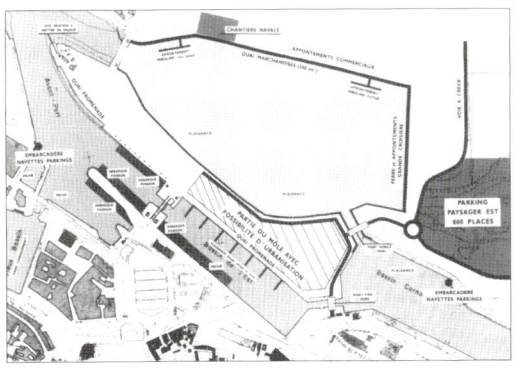

Projet de transformation du bassin de retenue en nouveau bassin de commerce. 1985. Bulletin municipal. SVH

Vue aérienne du bassin de retenue aujourd'hui. SVH

De l'ancien front de mer à l'ouest du chenal aux espaces de loisirs actuels

Les origines du site

Le site consiste en un terre-plein qui fut aménagé entre 1893 et 1897 entre le nouveau boulevard Carnot au sud et un petit perré cimenté au nord qui reliait l'extrémité de la jetée ouest en pierre au phare de l'hôpital. Sur le rebord de cette digue basse qui marquait la limite entre le terre-plein et la grève servant de plage aux Honfleurais fut créé un chemin. En 1900, à l'angle, fut aménagé assez sommairement un square à l'extrémité sud-est duquel on plaça la statue d'Eugène Boudin décédé en 1898. A l'ouest, près du phare était implanté un petit établissement de bains, composé d'un ensemble de petits bâtiments en bois: face à la plage, des cabines de bains et une tribune, en arrière, une salle pour prendre des boissons, un tir à la carabine et, attenant, un petit jardin où l'on pouvait jouer au croquet.

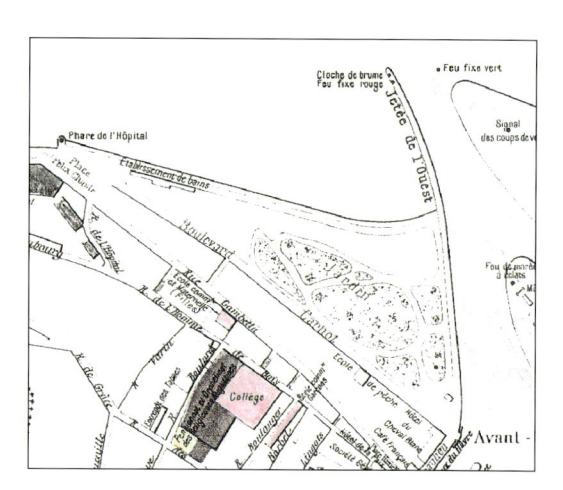

Le plan du nouveau terre-plein aménagé au début du XXe siècle après l'ouverture du Boulevard Carnot.

La baraque aux balises et le square de la Nouvelle France en arrière et la jetée en bois. Le chenal d'entrée du port.

HONFLEUR. — Vue générale des Jetées. — LL.

Le square de la Nouvelle France et le buste d'Eugène Boudin.

L'établissement de bains à la Belle Epoque.

La petite tribune de l'établissement de bains. « La bonne société » honfleuraise assiste au concert dominical.

La plage à la Belle Epoque.

Le premier jardin public

Au début des années 1930, le conseil municipal décida d'aménager un jardin public à la place de la pelouse qui couvrait la plus grande partie du terre-plein. Les plans furent réalisés par un peintre décorateur qui passait ses vacances à Honfleur depuis 1928, Paul Véra.

Paul et son frère André étaient deux figures importantes du mouvement art déco. Paul était le praticien (vitrail, tapisserie, sculpture, mobilier, aquarelle...) et André le théoricien, auteur de nombreux articles et d'un ouvrage de référence, *Le nouveau jardin*, dont les illustrations furent réalisées par son frère (à partir de 69 gravures sur bois). Il y définissait sa conception du jardin moderne.

Ses idées étaient de nature à séduire des élus à la recherche d'un aménagement d'esprit contemporain et relativement peu coûteux. Les frères Vera rejetaient en effet l'idée de vastes compositions paysagères à la manière de Le Nôtre qu'incarnait alors Achille Duchêne (1866–1947), c'est-à-dire des jardins à la française avec ses parterres et ses vastes perspectives ou, à la manière des parcs paysagers d'influence anglaise, celles d'Edouard André.

Les frères Véra représentaient le courant moderniste qui s'était affirmé après la 1ere guerre mondiale. Cette affirmation était à mettre en lien avec l'évolution des goûts et des besoins de l'époque : réduction des surfaces à traiter, aspiration au confort et coûts d'aménagement moindres.

Leurs propositions, qui furent mises en œuvre, en sont un parfait reflet : plan clair et ramassé, géométrisation des formes, vivacité des couleurs, appel aux matériaux modernes. Le plan s'articule en deux ensembles rectangulaires

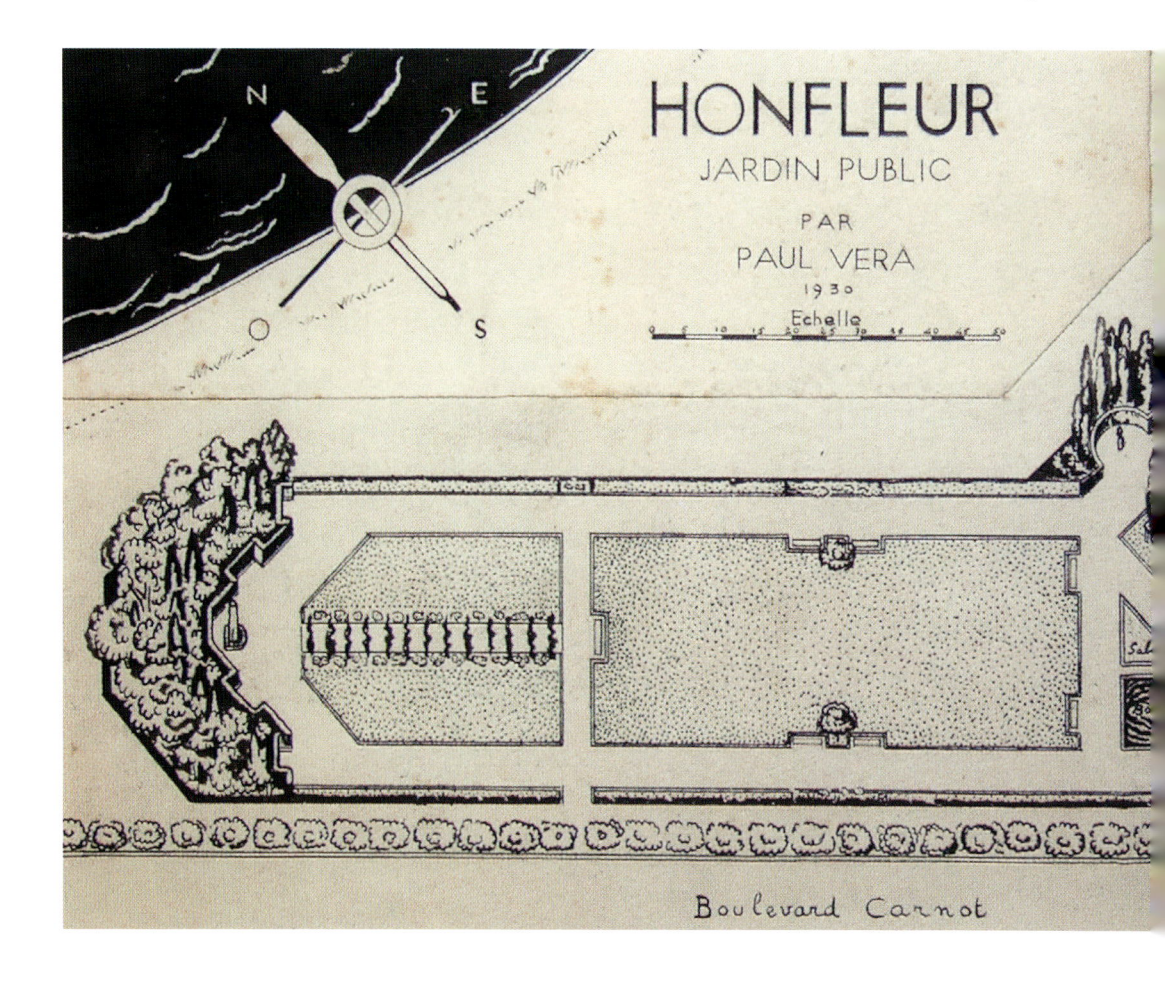

Le plan d'eau pour les enfants qui font voguer de petits bateaux à voile.

Plan du jardin public dessiné par Véra. Le boulevard Carnot qui le longe au sud fut débaptisé en 1943 et reçut la dénomination de boulevard Charles V.

L'entrée du jardin public, et au premier plan, la baraque aux balises.

Portique fleuri.

d'orientation différente, reliés par un espace triangulaire. Chaque ensemble comprend deux grands parterres de gazon entourés de larges allées. Ils sont eux-mêmes rectangulaires avec quelques échancrures permettant de loger des bancs pour le repos des promeneurs. 2 d'entre eux présentent un mobilier supportant des roseraies : un portique et une tonnelle

Significatif, l'utilisation du béton pour les bordures délimitant les parterres ou les plate-bandes qui ceinturent le jardin, précédant une haie taillée (banquette), ainsi que pour le portique. Même matériau pour les bacs à sable et le plan d'eau qui forment un espace de jeux pour les enfants autour duquel s'articulent les deux parties du jardin. Aux extrémités, des massifs dominés par des bouquets d'arbres de haut jet (peupliers). La perspective est fermée à l'est en direction de l'entrée du port par un alignement serré de peupliers, et au nord-ouest, vers le phare de l'hôpital, par le principal massif de forme semi circulaire, protégeant ainsi le jardin des vents dominants. Par contre, la perspective est largement ouverte en direction de la plage.

Du côté du boulevard Carnot, le jardin est longé par une large allée piétonne bordée par un alignement serré de platanes.

Les transformations du site au temps des Trente Glorieuses

Elles sont liées à a la fois aux mutations économiques et sociales qui engendrent de nouveaux besoins et aux travaux engagés pour la chenalisation de la Seine qui provoquèrent un envasement accéléré de la plage devant le jardin public et sa disparition. Pour compenser cette perte et maintenir un espace ludique suffisamment grand à un moment où le nombre des enfants augmentait (baby boom) le comité des fêtes réalisa une aire de jeux avec du sable rapporté à l'extrémité du jardin public. La démocratisation de l'automobile qui en multiplia le nombre satura très vite la petite place Augustin Normand réaménagée en parking. Celle-ci fut finalement supprimée à la fin des années 1970...

Le camping aménagé sur des terre-pleins gagnés sur la grève à l'ouest de l'Hôpital dans les années 1950, permettant d'accueillir un tourisme populaire en plein développement.

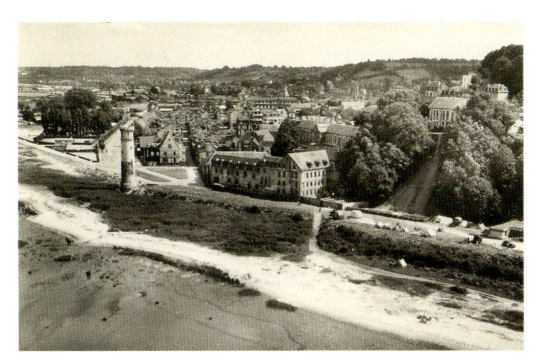

La grève devant le phare de l'Hôpital et son envasement au début des années 1950.

La grève au delà de l'Hôpital: pour avoir un peu de sable les Honfleurais gagnaient à pied la plage du Butin.

La place Augustin Normand dans les années 1960.

Plan de conquête des chambres de dépôts (des vases draguées dans le port) entre entre l'ancienne plage et la nouvelle digue du canal de la Seine

L'aire de jeu inaugurée le 1er juillet 1948.

Le tournant des années 1980

Au prix d'une large amputation de toute la partie orientale du jardin qui bordait la jetée de l'ouest, on a aménagé un nouveau parking ombragé grâce à un alignement de nouveaux peupliers qui ont remplacé ceux qui étaient atteints par la limite d'âge. La partie occidentale fut aussi rognée au profit d'une piscine réclamée par l'opinion publique locale. Un nouveau plan, inspiré des parcs urbains à l'anglaise, dut être établi. Il ne comportait plus de clôture métallique - seule une haie de protection le séparait de l'extérieur, et notamment du boulevard Charles V (nouveau nom du boulevard Carnot); il faisait la part belle aux arbustes mais délaissait les fleurs exigeant trop d'entretien. Il intégrait la nouvelle piscine, les terrains de tennis à la place de la pépinière transférée sur le plateau et du parc d'enfants dont les équipements furent regroupés près de la pataugeoire (en D). Des terrains de sport furent aménagés au-delà de l'ancien rebord de la digue basse. L'entretien des espaces a été en fait de plus en plus négligé : on se contentait de tondre des tapis d'herbes et de nettoyer sommairement les allées. Les familles honfleuraises qui quittaient le quartier Sainte-Catherine pour le grand ensemble des Marronniers, puis

Vue du nouveau parking aménagé dans la partie est du jardin de Vera. Cette photo récente montre aussi l'entrée du «Jardin retrouvé» réalisé après 1995 et le réaménagement du boulevard Charles V en 2013.

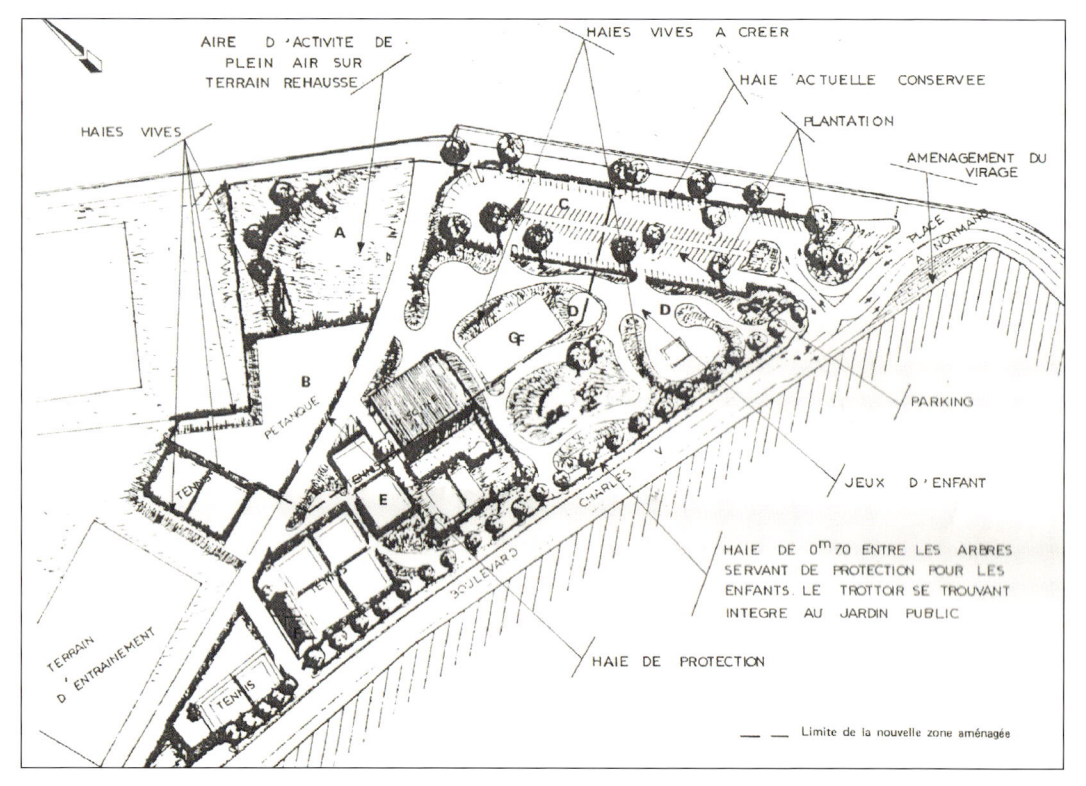

Plan de réaménagement du jardin public à la fin des années 1970 (bulletin municipal).

le quartier du Québec sur le rebord de plateau délaissèrent peu à peu l'espace de jeux pour les enfants. Le jardin devint une zone de passage pour gagner les différents équipements sportifs. Cette disparition du jardin de Véra se fit sans soulever la moindre protestation, apparaissant dictée par les exigences de la modernisation de la ville. Personne au cours de cette période n'émit le moindre souhait, pas plus les experts que le profane, de voir classer à l'inventaire des monuments historiques ce témoignage des jardins de style art déco.

Une Renaissance : le « Jardin retrouvé » en 1996 ?

Le nom de cette nouvelle création hortésienne est inspiré par le titre du tome 7 « Le temps retrouvé » du cycle romanesque de Marcel Proust *A la recherche du temps perdu*. Elle souligne la volonté de la nouvelle municipalité, en 1995, de renouer avec les fils d'une histoire

Le jardin anglais

L'archétype du jardin paysager anglais comprend :
— un point de vue intéressant avec création de perspectives découvertes progressivement ;
— la suppression des clôtures, des haies, reprise du saut de loup ;
— l'utilisation de courbes, de buttes, de relief ;
— la plantation d'arbres en quantité et en groupes de façon à recréer un espace naturel ;
— l'utilisation des jeux d'ombre et de lumière ;
— l'implantation de fabriques, temples, ruines, pagodes, ponts, embarcadères.

Un des éléments les plus représentatifs du jardin anglais. Le mixed-border ou bordure qui permet de dissocier finement chaque partie du jardin. Cherchant à imiter la nature, il se fond bien dans le décor.

qui se seraient rompus au cours de la période précédente, celle des municipalités Delange et Liabastre. Si les Honfleurais « ont retrouvé » effectivement un véritable jardin public, il ne s'agit plus du jardin de Vera même s'il en subsiste de rares éléments qui y ont été incorporés. Le nouveau jardin public, comme l'atteste la mise en place de son monumental portail d'entrée, affiche un parti plus ambitieux et ostentatoire avec son mobilier en pierre reconstituée, ses larges massifs de fleurs, ses bosquets d'arbres, des nouvelles allées curvilignes, des reliefs artificiels. Jardin romantique ?

> ### Le jardin romantique
>
> On appelle jardin romantique ceux dont le sol très varié dans son plan, ainsi que dans ses élévations et dans ses contours, présente des pièces de gazon, des tapis de fleurs, des masses d'arbustes, des bouquets d'arbre d'agrément de toutes les saisons, des bois dans leurs différents âges, des futaies, des eaux dans les divers états dans lesquels on les rencontre dans la nature.

Le jardin des Personnalités

10 ha dont 6 ha d'espace paysager et une roselière préexistante qui a été conservée à son extrémité. Il est situé sur d'anciennes chambres de dépôts, dont les vases ont été remaniées ; du sable a été rapporté pour modeler un parc paysagé à thème faisant la part belle aux nouvelles tendances du jardin contemporain. L'aménagement a été confié à un jeune paysagiste, A. Arnoux qui a voulu en faire un lieu en harmonie avec la nature mais aussi un lieu de découverte de l'histoire honfleuraise grâce à une mise en scène de douze bustes de personnalités réalisées par le sculpteur C. Champagne, Il a choisi de créer des chambres de jardin en forme de bateaux pour évoquer la permanence du rôle de la vie maritime dans le déroulement de cette histoire et d'entourer les bustes de plantes qui évoquent la vie de chaque personnalité : cactées pour évoquer le martyre de Pierre Berthelot à Sumatra, les roses pour la poétesse Lucie Delarue-Mardrus... Commencé en 2000, il a été inauguré en 2004.

Une chambre de jardin.

Les jardins du front de Seine, un patrimoine pour demain?

Le jardin « retrouvé »

Il réalise une sorte de synthèse entre le parc intra-urbain à l'anglaise de 1977 qui remplit des fonctions pratiques et utilitaires et le jardin plus policé voulu par Véra. Dans celui de la fin des années soixante-dix, on peut pratiquer les jeux de la petite enfance ou différents types d'activités sportives pour les plus âgés, courir sur les pelouses — s'approprier l'espace par un contact direct de tout le corps —, ou dans les allées en stabilisé serpentant entre des alvéoles dédiées et ceinturées d'une haie arbustive. Celui de Vera était fermé par une clôture et l'on y accédait par un portail principal devant la place Augustin Normand, ou par quelques petits portillons ; les pelouses, strictement délimitées par des arceaux métalliques ne devaient pas être piétinées; pour se reposer, des bancs symétriquement disposés permettaient de s'asseoir de manière ordonnée; si un espace de jeu avait été ménagé, il ne concernait que les plus petits avec la pataugeoire et le bac à sable délimité par des allées rectilignes gravillonnées : les plus grands étaient rejetés à l'extérieur, au nord, jusqu'au quai qui borde la plage, sur des espaces verts sommairement entretenus et après 1948 vers le parc d'enfants à l'ouest.

Au regard des valeurs de rareté, d'ancienneté, « le jardin retrouvé » n'a rien à faire valoir, n'étant qu'une création très récente marquée d'aucune intention esthétique ou conceptuelle originale qui permettrait de le démarquer de nombreuses réalisations urbaines contemporaines qui mixent des références multiples issues de la culture hortésienne du XIXe et XXe siècle; il témoigne cependant du retournement de l'esprit public à la fin du XXe siècle à Honfleur, reflet d'un mouvement général de la société vers le parc public un peu délaissé à l'époque des Trente Glorieuses. Effet de nostalgie pour une part, mais surtout redécouverte des vertus d'urbanité de ces espaces clos mais en même temps ouverts par de multiples « fenêtres » sur le bâti urbain, et qui possèdent « une poésie propre et une dimension esthétique concentrée ».

Le jardin des personnalités

Alors que le « jardin retrouvé » répond d'abord à une attente des habitants, le second s'adresse prioritairement à la clientèle touristique d'une ville promue au rang de station balnéaire et qui ambitionne de la « fixer » pour des séjours plus longs. Il fait le lien entre deux réalisations précédentes, le « jardin retrouvé » et la plage « reconstituée » qui s'étire de l'extrémité de la jetée de l'ouest jusqu'au phare du Butin, prenant en écharpe par le nord les équipements sportifs ou récréatifs (complexe tennistique de la Fédération régionale de Tennis et Naturospace, face à l'ancien phare de l'hospice).

Par sa conception, il se situe à la confluence de deux tendances de l'art du jardin contemporain: celle du *land-art* avec son parc de sculptures, « installées », lieu d'interprétation en plein air de l'histoire et de l'espace honfleurais, et celle du *nouveau naturalisme* marquée par la volonté

Le kiosque du jardin des personnalités (reconstitution de celui qui avait été établi à la Belle Epoque sur la place de la Porte de Rouen.

Définition Patrimoine et patrimonialisation

Pour qu'un artefact devienne un objet patrimonial, il faut que se réalise à son profit un processus de patrimonialisation, c'est-à-dire une « polarisation axiologique ». La société projette sur l'objet un ensemble de valeurs qui le transforment en « bien commun ». Ces valeurs sont celles de l'ancienneté, de la beauté, de la signifiance, de l'authenticité. Le patrimoine est donc un phénomène socialement construit.

L'objet patrimonial doit être conservé à des fins mémorielles et d'éducation, donc de transmission d'une culture et de recherche d'une cohésion sociale.

La genèse de ce phénomène contemporain semble remonter à la à la Renaissance dans la société occidentale, en particulier au mouvement humaniste qui lance la mode des « Antiquités ». Cet attachement à la préservation du patrimoine favorise et traduit à la fois l'émergence d'une conscience du temps historique par effet de distance que l'objet patrimonial introduit par rapport au présent, et aide à une prise de conscience de ce qui relie le présent et le passé d'une société, contribuant à la fois à définir son identité et à en donner une représentation.

Vue de la côte rocheuse à l'ouest des falaises de Grâce, en direction de Villerville et Trouville. Au premier plan la digue sud (haute), lieu de promenade en bordure du jardin des personnalités, prolongée par la digue basse submersible à marée haute. La flèche indique la plage du Butin qui permet aujourd'hui à Honfleur de prendre rand comme station balnéaire, la première à l'ouest de la «Côte Fleurie»

d'accorder de nouveau la primauté à la composante végétale des jardins, aux formes souples, de réhabiliter les graminées, à l'opposé du formalisme antérieur, réalisant le vers de Ronsard « j'aime fort les jardins qui sentent le sauvage ». Avec la « falaise de Grâce », le pont de Normandie et port 2000 pour perspectives consciemment mises en scène, , il réalise un télescopage entre les sources de l'histoire honfleuraise attachée au « port noir » et son avenir dans l'aire urbaine havraise en construction, nouvelle porte de Paris-la mer, « gateway » français de l'espace européen. Cette forte dimension symbolique conférée au jardin grâce à son traitement paysager, peut faire apparaître demain, le jardin des personnalités, comme la représentation d'une prise de conscience locale d'un changement d'échelle pour l'horizon honfleurais au début du XXIe siècle.

Les trois fenêtres qui ouvrent le jardin des personnalités sur la ville historique dominée par la falaise boisée de Grâce, l'amont et l'aval de l'estuaire de la Seine

Vue du Jardin des Personnalités depuis le belvédère de la Côte de Grâce.

Petit lexique

Le vocabulaire du patrimoine et de sa protection

Monument historique

Immeuble dont la conservation présente du point de vue de l'histoire et de l'art un intérêt public. Les définitions et les modalités de classement sont définies dans les lois de 1887 et surtout de 1913. Une simple inscription à l'inventaire peut être réalisée depuis la loi de 1927 si le monument présente un intérêt suffisant.

Patrimoine urbain

Concept récent dû à Gustavo Giovannoni. Il *« regroupe les tissus prestigieux ou non des villes ainsi que les ensembles traditionnels préindustriels et du XIXe siècle, et tend à englober de façon plus générale tous les tissus urbains fortement structurés »*. (Merlin et Choay)

Site

Espace ou monument naturel du territoire français dont la préservation présente un intérêt général du point de vue scientifique, pittoresque et artistique, historique ou légendaire. La première loi est votée en 1906, puis élargie et renforcée en 1930. Elle est abrogée en 2000 mais ses dispositions sont reprises et intégrées dans le code de l'environnement (livre III : « Espaces naturels », titre IV : « Sites », chapitre unique : « Sites inscrits et classés »).

Site classé

Site bénéficiant d'une protection forte qui correspond à la volonté de maintien en l'état du site désigné, ce qui n'exclut ni la gestion, ni la valorisation. Les sites classés ne peuvent être détruits, ni modifiés dans leur aspect sans une autorisation spéciale.

Site inscrit

L'inscription à l'inventaire des sites constitue une garantie minimale de protection. Elle impose aux maîtres d'ouvrage l'obligation d'informer l'administration quatre mois à l'avance de tout projet de travaux de nature à modifier l'état ou l'aspect du site.

Le vocabulaire de la gabelle

Gabelle du sel

Impôt sur le sel dont le prélèvement en principe est affermé par le Roi à la Ferme Générale. En fait celle-ci ne recouvre pas la totalité de cet impôt (même si c'est la plus importante) car les modalités de prélèvement selon les usages du sel ou les privilèges des communautés sont nombreuses ; de même que les taux de taxation. Les unités de mesure varient également d'une région à l'autre.
– Sel d'impôt : Il désigne celui est imposé dans les pays dits de grande gabelle. Il correspond à la quantité, variable selon la taille du feu, qu'un chef de famille est obligé d'acheter au grenier de sa circonscription pour « pot et salière ». Dans le grenier de Honfleur le sel était de vente volontaire, c'est-à-dire que les chefs de famille avaient le choix du jour où ils y achetaient le sel.
Pour les conserves, il peut en outre acheter du « sel extraordinaire » dans les quantités qu'il désire mais au prix du sel d'impôt.

– Quart Bouillon : taxe que payait l'acheteur, égale au quart de la valeur marchande dans les zones littorales de production de sel (en réalité des taxes supplémentaires élevaient le prix à 55 % environ de la valeur du sel d'impôt). Les marais de Touques fournissaient un sel blanc en petite quantité mais très recherché pour les salaisons de fromage.
– Sel de franchise : le sel acheté en « franc-salé » c'est-à-dire en exemption totale de gabelle. Privilège accordé à certains officiers et nobles parfois étendu aux habitants d'une ville (faveur toujours assortie de contreparties qui ne sont pas en apparence liées au privilège reçu).

Minot, muid, boisseau

Unités de mesure. En Normandie le minot représente 1/48e de muid, soit environ 1 quintal. Dans un minot il y a quatre boisseaux. Le boisseau du pays d'Auge vaut 31 l.

Le vocabulaire de l'architecture militaire

Boulevard

Ouvrage destiné à porter l'artillerie, doublant extérieurement une courtine plus ancienne qui n'avait pas été prévue pour le tir au canon.

Bastion

Ouvrage bas et pentagonal, faisant avant corps sur une enceinte.

Le vocabulaire de l'architecture civile et religieuse

Ambon

Une chaire découverte servant pour la lecture de l'épître ou de l'évangile. Elle est placée à l'entrée du chœur liturgique, à l'angle de la croisée du transept. « Placé à l'ambon » signifie mis à l'emplacement qu'aurait pu occuper l'ambon.

Arbalétriers

Pièces obliques d'une ferme. Ils portent les versants du toit et sont reliés à leur base par un entrait.

Arc en contre-courbes brisées

Elément décoratif en pierres. Arc à deux branches formées d'arcs infléchis constitués eux-mêmes de branches convexes se rejoignant en pointe au faîte.

Archivolte

Corps de moulures couvrant un arc, une voussure.

Attique (étage attique)

Demi-étage dont la face forme couronnement d'une élévation.

Entablement

Couronnement d'une ordonnance architecturale.

Entrait

Pièce maîtresse horizontale d'une ferme dans laquelle sont assemblés les pieds des arbalétriers.

Fronton

Couronnement pyramidal à tympan et encadré de moulure.

Intrados
Surface inférieure curviligne de l'arc et de la voûte.

Lierne (et tierceron) :
Variétés de nervures en pierre à l'intrados d'une voûte largement utilisées dans le style gothique flamboyant.

Pinacle
Amortissement (élément décoratif au sommet d'une élévation) élancé de formes diverses.

Pilastre
Membre vertical formé par une faible saillie rectangulaire d'un mur.

Poinçon
Poteau d'une ferme joignant le milieu d'un entrait à la rencontre des arbalétriers, formant un angle.

Remplage
Ensemble des parties fixes en forme de nervures, dans le même matériau que l'embrasure de la baie. Les nervures forment des réseaux de courbes et contrecourbes (mouchettes et soufflets). Le meneau et la traverse sont les éléments verticaux et transversaux du remplage.

Rinceaux
Ornement formé d'une branche de feuillage se développant en volute.

Soufflets (et mouchettes)
Eléments de remplage (ensemble des nervures en pierre placées dans les parties hautes des baies formant réseau à fonction décorative), caractéristique du gothique flamboyant.

Tiers-point
Arc brisé à deux segments dans lequel peut s'inscrire un triangle équilatéral.

Travée
Superposition de baies placées su le même axe vertical, ou partie verticale d'élévation délimitée par des supports verticaux qui se prolonge du premier niveau vers les parties hautes de l'élévation.

Trumeau
Pan de mur entre deux embrasures.

Tympan
Surface triangulaire comprise dans un fronton.

Voussures
Petite voûte couvrant l'embrasure profonde d'une baie ébrasée.

Styles
Un style d'architecture caractérise un ensemble d'ouvrages, présentant une certaine parenté ou similitude en raison de l'utilisation par le maître d'œuvre d'un même répertoire de formes architecturales, d'éléments architectoniques et décoratifs. Un style est inscrit en général dans une période de l'histoire de l'art mais les limites chronologiques en sont floues et de nombreuses constructions correspondant à un style sont réalisées en dehors de la période définie par les historiens de l'art comme propre au style considéré.

Style gothique flamboyant
Style de la dernière période du gothique (de la deuxième moitié du XIVe au début XVIe siècle : il se marque dans les églises par une exubérance décorative, notamment dans le remplage des fenêtres où se mêlent soufflets et mouchettes évoquant l'apparence onduleuse des flammes, une réduction de l'élévation des nefs à deux étages, une disparition des chapiteaux, des arcs surbaissés, un couvrement par des voûtes dont le profil s'abaisse, portées par des réseaux denses de nervures dont les liernes et tiercerons. Les architectes recherchent la clarté et la verticalité. Certains de ces éléments se retrouvent dans les édifices civils

Style « classique »
L'architecture classique se caractérise par une utilisation des proportions héritées de l'Antiquité et par la recherche de compositions symétriques. Les lignes nobles et simples sont recherchées, ainsi que l'équilibre et la sobriété du décor, le but étant que les détails répondent à l'ensemble. Les modèles sont fournis par architectes de Louis XIV, Mansart et Le Vau. Ils représentent un idéal d'ordre et de raison, d'harmonie et de simplicité au service de la grandeur du commanditaire.
Employé en mettant des guillemets, « classique » désigne une architecture qui s'inspire de ces principes mais qui peut être beaucoup plus modeste que les modèles de référence... L'Etat pour ses édifices publics, la bourgeoisie au XIXe siècle pour ses résidences, l'apprécient beaucoup.

Style géorgien
Style des maisons de la gentry en Angleterre et de ses colonies américaines entre 1720 et 1840. Par delà les différences, on note des points communs : les maisons ont une forme de cube simple à un ou deux étages avec deux pièces en profondeur strictement symétriques. Une porte d'entrée centrée avec à son sommet un entablement soutenu par des pilastres ornementaux. Une cheminée de chaque côté de la maison et deux lucarnes dans les combles complètent ce schéma.

Style Louis XIII
Désigne souvent les édifices en briques et pierres qui constituent la partie la plus originale de l'architecture française du début du XVIIe siècle (les autres étant inspirés des modèles italiens). Les murs de briques sont consolidés par des chaînes de pierres aux angles et autour des fenêtres. Celles-ci sont disposées en harpes. Les fenêtres n'ont pas d'allèges ; montants et traverses sont en bois, avec des châssis de menuiserie. Tout l'effet est obtenu par la simplicité des lignes et l'opposition des couleurs : le rouge de la brique, le blanc de la pierre, le noir bleuté de l'ardoise des hautes toitures.

Style néo-palladien
Variante de l'art néo-classique en architecture ; s'inspire assez librement des modèles de villas construites par Palladio en Italie pendant la Renaissance.

Bibliographie indicative

Patrimoine urbain

– Bourdin Alain, *Sur quoi fonder les politiques du patrimoine urbain ?* Les annales de la recherche urbaine, 1996, n°72, pp 6-13.
– Brunel Sylvie, *La planète disneylandisée,* Edition Sciences Humaines, 2012.
– Choay Françoise, *L'urbanisme, utopies et réalités : une anthologie,* Paris, Seuil, coll. Points, 1965.
– Choay Françoise, *L'allégorie du patrimoine,* Paris, Seuil, 1992.
– Giovannoni Gustavo, *L'urbanisme face aux villes anciennes,* Paris, Seuil, 1998.
– Riegl Alois, *Le culte moderne des monuments,* Paris, Le Seuil, 1984.

Les monuments honfleurais et infrastructures à caractère patrimonial

– Arnoux M., *Notice sur le port de Honfleur,* Paris, Imprimerie nationale, 1875.
– Lefevre Daniel et Corvisier Christian, *Etude préalable à la restauration de la Lieutenance,* Honfleur, 2007.
– Lelièvre Pascal, *L'Eglise Sainte-Catherine,* In catalogue de l'exposition du musée Eugène Boudin, 2003.

Histoire de Honfleur

– Bergeret Gourbin Anne-Marie, *Honfleur et les peintres,* Editions des Falaises, 2007.
– Bréard Charles, *Vieilles rues, vieilles maisons de Honfleur du XVe siècle à nos jours,* Publications de la Société Normande d'Ethnographie et d'Art Populaire « Le Vieux Honfleur », 1900.
– Lelièvre Pascal, *Honfleur de Guillaume-le-Conquérant à la Belle Epoque (XIe -XIXe siècle),* Editions de la Lieutenance, 1999.
– Lelièvre Pascal, *Honfleur, port et littoral de la Renaissance à l'An 2000,* In catalogue de l'exposition du musée Eugène Boudin La vocation maritime de Honfleur, 2000.
– Pallu de la Barriere Nathalie, *Honfleur et son arrière pays, chronique d'un espace militaire (1367-1530),* thèse de doctorat (à paraître).

Remerciements

Cet ouvrage d'histoire consacré au patrimoine urbain n'était pas concevable sans l'appui d'une iconographie importante et diversifiée puisée à des sources extrêmement variées. Nous remercions toutes les personnes qui ont apporté leur concours à sa réunion pour permettre la réalisation de l'ouvrage :

En particulier :
Le maire de Honfleur, Michel Lamarre qui a autorisé la reproduction de photos du bulletin municipal
La conservatrice des musées de Honfleur Anne-Marie Bergeret
L'archiviste de la ville de Honfleur, M. Jan
La directrice de l'Office de Tourisme, Sophie Chesnel
Le président du Grand Port Maritime de Rouen
qui nous ont donné les autorisations de reproduction pour de nombreux documents iconographiques et cartographiques présentés dans ce livre.

Mais aussi :
M. et Mme Wistler
M. et Mme Lindes-Holmes
qui nous ont autorisé à présenter des photos de leur propriété
et nous ont permis d'accéder à de nombreux documents écrits à usage privé.
La photographe Dominique Rochat.

Musées du Vieux Honfleur, l'ancien logis, dessin de Léon Leclerc.

Achevé d'imprimer en juin 2018 sur les presses de l'imprimerie PBTisk (UE)
Dépôt légal : décembre 2015 - N° ISBN : 978-2-84811-261-9